その日本語、ヨロシイですか?

楽しい校閲教室

文・絵　井上孝夫

草思社文庫

お知らせ
本多《ほんだ》幸太《こうた》
文《あや》悦子《えつこ》
右、新人二名
校閲部に配属します。
社長
校閲部ですか？

目次

よろしく
お願いします。

やあ。よく来たね。
校閲部へようこそ。
校閲部長
三田《みた》克治《かつじ》

プロローグ

日本語をめぐる、さまざまな本が出版されています。

現代日本語の乱れを嘆くもの、新しい言葉や用法を解説したもの、外国人の目から見た日本語、辞書の中からピックアップしたそれぞれの言葉への思いを語るもの。


みなさん、日本語が好きなんですね。


ではその出版の現場で、日々日本語と格闘している校閲者から見た日本語はどう見えるのか？

そんな問いかけから、この本は編まれました。

私たち校閲者は、大学教授や、辞書の編纂委員のような「日本語の研究者」ではありません。しかし、来る日も来る日も、日本語の文章を前に、ああだろうかこうだろうかと、絶えず悩み、思いを巡らせている「一般読者の先遣隊」であり、「言葉に対して素人であることのプロ」でもあります。このことは、本書を読み進めていくうちに明らかになるでしょう。

本書は、マンガと文章を混合させた形式を取っています。架空の出版社に入った校閲部新人の二人が、校閲という仕事に出会い成長していく姿を眺めつつ、校閲という仕事の中の日本語、それから校閲者の目に映る現代日本語へと話を進めていきます。

その他に、旧仮名変換問題、4コママンガクイズ、漱石の「吾輩は猫である」クイズ、死語?クイズなども用意しました。

日本語を愛する皆さんに楽しんでいただけたら幸いです。

二〇一三年十二月　　筆者

第一章　校閲よ、こんにちは

今日からここで一日中働くんだぞ。
できるかな？
部長さん！
「部長さん」じゃなくて「部長」でいいよ。
これから仕事の説明をします。
はい。

その前にちょっと
みんなに挨拶《あいさつ》。
ハーイ。
新人の
本多《ほんだ》幸太《こうた》君
文悦子《あやえつこ》さん
です。
よろしく！
編集部へ挨拶。
よろしくお願いいたします。
おう。よろしく！

さて最後は校閲の資料棚。
それを眺めたらおしまい。
すごいこれ！
おお…。
なんか疲れたね。
初日だからね。
結局仕事の説明なかったし…。
こんなときは
一杯ひっかけて帰るか。
オッサンか!!

第一章　校閲よ、こんにちは

第一日目、コウタ君とエツコさん、さすがに疲れたようですね。

このマンガの中の出版社と同様、筆者の勤めていた新潮社校閲部でも、部内は静かですよ。

なにせ、一日中文字を見つめて読み込んでいる部署ですからね。仕方がないんです。気難しくて黙っているわけじゃありませんから。

●校閲って、なぜあるの？

さて皆さん。

本という形で世の中に届けられる日本語は、どんなプロセスでチェックされて書店に並ぶのでしょうか。

ブログやツイッターなどのウェブ上の多くの日本語は、基本的に書いた本人以外はノーチェックで世に発せられます。しかし出版される文章の日本語には、少なくとも出版社と名のつく所から出される本には、編集者という他者の目が通ります。

校閲という仕事は、本来、編集者の仕事の一部でした。いや、今でも多くの出版社に校閲専門の部署がなく、編集者がその責を負っているはずです。フリーの校正者も併用するでしょうが、その場合、最低でも他者二人の目を通すわけですね。


マンガの中の出版社や私が勤めていた新潮社のような、校閲部という専門部署を持っている出版社では、校閲者たちが一日中デスク上でゲラ（印刷所で原稿を本の体裁に組んだ試し刷り）を読み、誤字脱字、表現の誤り、事実の確認などをひたすら行なっているのに加えて、フリーの校正者、そして編集者がさらに目を通します（実際には再校と呼ばれるセカンド・ヴァージョンまで読みますので、新たなフリー校正者の目も入ります）。


これだけの人の目をなぜ通すのか？　無駄じゃないのか？

そう思う人も多いはずです。

確かに、ただ本の形にすればよいのなら、それはもっともな話でしょう。人件費などかけず、安く制作し、あわよくば大ヒットさせて大きな利益を得る。紙の本以上に、昨今、デジタル出版をめぐって語られる話には、この類の主張が後を絶ちません。

しかし、私の長年の校閲経験から言って、世の中に「完全な原稿」などというものは存在しない、と言って言いすぎならば、滅多《めった》に存在しない。それは著者の才能や能力とは別に、人間にとって「完璧」ということがいかに難しいか、ということを示しているのだと思います。

どんなに才気溢れる作家にも、また博識な学者にも、うっかり間違える箇所や、適切でない表現をしてしまう箇所というのはあり得ます。それら多くの著者は、やはり一般人に比べてキラリと光るものがあると編集者が認めたからこそ、執筆を依頼されたわけです。出版社の仕事というのは、その著者の持つ煌《きら》めきを殺さずに、しかも思わぬ所でつまずいて信用を落としたりすることがないようにサポートし世に送り出す、ということに尽きます。

ですから、私たち校閲者は、検閲者ではないのです。間違いを見つけて「けしからん」と思っているわけではないし、粗《あら》探しをして喜んでいるわけでもないのです。良いものを、世の人が素直に「良いね」と言ってくれるように願って点検をし、磨きをかける。

それが校閲の仕事なんです。

●校閲者は「言語の素人」のプロ

校閲者が「日本語のプロ」「日本語の専門家」だと思っている人は、意外に多いようです。日がな一日、いや明けても暮れても、年がら年中、日本語の文章を読んでいるんだから、専門家でないわけがないだろう、と。

それは、違いますね。自分を専門家だ、日本語の知識は誰にも負けない、などと思っている校閲者は、はっきり言ってダメな校閲者です。己れを疑わない校閲者に、校閲はできません。

どんなに知識が豊富でも、知らないこと、知識の穴というものはあるものです。自らの記憶力を絶対と思っていては、思わぬ間違い、著者へのミスリードを犯します。

かといって、自信が全くなくて、全てのことを小心翼翼《しょうしんよくよく》と疑って何度も調べていては、プロとは言えません。

誤植犬が欲しい

「テキストと自分自身を、上手に疑う」能力は、校閲者の大切な資質です。調べずとも済む当たり前の部分と、「これはちょっと確かめておかないと危ないぞ」という部分との匂いを嗅ぎ分けて、危ない部分は慎重に調べていく。ここらへんの呼吸は、長年失敗を繰り返して身に付けていくしかありません。「言葉の素人」であることを常に訓練しているようなものですね。

校閲という仕事が、知識を武器としながらもひどく職人的なのは、そのせいなのです。

●向いてるのかな、この仕事

今から思い返すとちょっと恥ずかしいエピソードがあります。

新潮社に入社して、新潮文庫の仕事を手始めにしたんですが、ある文庫本の校閲をしていて、「宮城に向かって遥拝《ようはい》して」云々といった記述がありました。

この「宮城《きゅうじょう》」（＝皇居の旧称）という言葉を、私は知らなかったんですね。「宮城《みやぎ》」としか読めなかった。こんな所からどうして宮城県の方を向いて遥拝（遠くから礼拝すること）するんだろう。そう思って調べたら、なんと皇居のことを意味する、と辞書に出ている。うわあ、こんなこと知らなかったんだ。自分の国語力でやっていけるんだろうか。不安に思いました。

確かに私が育った昭和三十～四十年代の教育では、あえてこの旧称を用いることはなかったかもしれません。しかし、日本の近現代史や近現代の文学などを読んでいればば、いつかは出会っているはずの言葉です。

私は大学で言語学、という学問を専攻しました。理論的な書物も多少は読みましたが、実際の諸言語を学ぶことに惹かれてあれこれ齧《かじ》り散らしていました。さらに、受験の時の古文の勉強のために『今昔物語』などを読んだりして結構面白かった覚えがあるし、海外の古典の翻訳で擬古文調のものなども読んでいたので、まあ言葉についてはそこそこ知識はある方だろう、などと自惚《うぬぼ》れていたんですね。

とんでもないことです。ぽっかり常識が抜けている。

「この仕事、向いていないかな」

その後、何十回となく頭をよぎった疑問の、最初の経験でした。

ただ、私と同じようにこの表現を知らない若い読者もいるかもしれない。そういう人たちに、ここでこの言葉をそっと教えてあげれば、今私が感じた恥ずかしさを感じずに済むかもしれない。日本人なら知っていて当然の言葉でしょうし。

そして編集担当者に、「若い人が読み間違えるかもしれませんから、『きゅうじょう』とルビ（ふりがな）を振ってもいいですか？」と、恐る恐る聞いてみました。「バカヤロウ、そんなもの常識だ、必要ない」と言われるかもしれない、と思っていたら、そのベテラン編集者は、

「うん、君がそう思うのなら、振ってもいいよ」

そう言ってくれたのでした。

きっと、内心では「しょうがねえな、今の若いやつはこんな言葉も知らないのか」と思っていたのでしょうが、ルビを振って害があるわけではなし、もしかすると国語力低下は自分の思っているより進んでいるのかもしれない。だとすれば、ここはこいつの言っている通りにした方が賢明だ、と、柔軟な発想をしてくれたのだろう、と思っています。

こんなスタートです。どんなに長く校閲をやってきても決して絶対の自信など持っていません。でも不安を持っているわけでもありません。「自分をそれなりに疑うことも信じることもできる」し、「危ない箇所への嗅覚と、そこでは落ち着いて図々し

く時間をかけて調べる図太さ」だけは年月相応に積み重なっている、と思うからです。しかし油断大敵。そう言っている先から、とんでもないミスを犯すかもしれない。一寸先は落とし穴。気の抜けない職業です。

●血の気の引く思い

もう一つ、忘れられない失敗の思い出があります。

週刊誌担当の校閲グループの責任者を任されていたときでした。皆さんご存じかと思いますが、週刊誌にはグラビアページという、写真に短い記事の付いたページがあります。

あのページは他と違って、校閲するタイミングが一度しかない（しかも短い時間）、一発勝負の記事です。

その記事で、とんでもないミスをしてしまいました。校閲だけでも十人近く、その他に編集者も目を通していたにもかかわらず、誤植を出しました。

第二次世界大戦中の総理大臣で陸軍大将だった人物の名が、

「東条英樹」

と印刷されていました。

どこが間違っているか、分かりますか？

そう、正解は、

「東条英機《ひでき》」です。

「樹」と「機」、たった一文字の違いですが、著名人物の名です。これはみっともない。しかも週刊誌、数十万部単位の発行部数です。

十人前後が目を通していても、すり抜けた間違い。この人名の前後には、たくさんの別の人名が羅列されていました。知らない人名、あやふやだと思う人名は、人名事典に当たりました。しかし、いくら何でもこんな有名人の見慣れた人名に間違いが潜んでいようとは、誰も思わなかった。十人が十人、同じような読み方・調べ方をし、多くの目が通っているからと内心安心してしまったのです。本当に怖いエアポケットです。

この間違いは、一発校了が済んだ後に印刷所から届けられた見本刷を点検中に、気付いたのです。

血の気が引きました。もう輪転機がフル回転しています。

覚悟を決めて、編集長の許《もと》へ。

「申し訳ありませんでした！」

言い訳なんかできません。やってはいけない典型的な誤植の見逃しです。首のあたりがひんやりとします。

「おい、印刷所に連絡して輪転機を止めさせろ！」

即座に編集長の指示。編集部員があわてて印刷所に連絡します。

結局、印刷済みのもの（ほとんど刷り終わっていたと聞きます）は全て廃棄。誤植を訂正の上、新たな用紙を手配して全て刷り直しとなりました。かなりの費用がかかったはずです。

処分されても仕方がない失態ですが、即刻報告した点が辛うじて評価されたのか、その後の沙汰はありませんでした。会社には感謝していますが、今でも思い出すと、身震いします。

●どんな人が校閲者に向いているの？

「校閲に向いていないかもしれない」と何度も思った、と書きましたが、校閲者に向き、不向きがあるのか。あるとすればどういう点か。

そう言われると、考えますね。

まず、とにかく机の前にずっと座っていることが苦痛だ、と感じる人はやはり向いていないでしょう。

調べ物が面倒くさい、という人も厳しいでしょうね。

さっき言った自信過剰、それから自信過少の人も適していないなあ。

自己表現を仕事に求める、というタイプにもちょっときつい仕事でしょう。他者の自己表現をサポートするわけですから。

こう書いてくると、何だかひどくつらい仕事のように思えてきますが、逆に考えてみましょう。

バタバタ外を飛び回る仕事はつらいが、じっくり座って物を考え、着実にこなしていくのが好き、という人は適性があります。

全てを自分の才覚で次々に捌《さば》いていかなければいけない、というのはしんどいが、知らないことでも地道に調べて適切に処理する職人的な技能を身に付けて知的世界に遊びたい、という人にはうってつけ。

知識にそれほどの自信はなくとも、常識的判断力に自信がある人には、いい仕事です。

いろいろな世界を仕事を通して知るのが楽しい、いろいろな才能に出会うのも楽しい、自己表現は、むしろ仕事を離れた自由な所でする方が好きだ。

こういった人なら、校閲に向いている、と言えるのではないでしょうか。

しかし自分はこれに当てはまっているのか、というと、うーん、どうでしょうかね。だいぶズレている所もあるような気がします。

「座り続けていられて、言葉に興味があって、落ち着いて仕事ができる人」

ぐらいにしておいた方が正

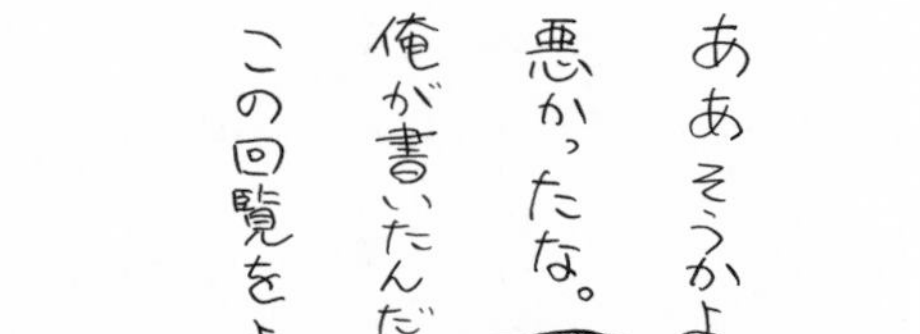
ああそうかよ。
悪かったな。
俺が書いたんだよ。
この回覧をよ。
回覧
入レ替エ

赤字や疑問が入る校閲部回覧

しいかもしれません。

校閲者の適性の基準なんてはっきり分かるものではないから、何度も、

「自分は校閲に向いていないかもしれない」

と思い悩むわけですよ。

そして世の多くの校閲者は、この疑問を何回も、いや何十回も抱いたことがあるはずだ、と私は確信しているのです。

「素人であることのプロ」と呼ぶ所以《ゆえん》です。

◎「吾輩は猫である」クイズ①

（夏目漱石の『吾輩は猫である』は表現の宝庫です。その中の一節からクイズ。主人公の中学教師・苦沙弥《くしゃみ》先生が、休日に原稿書きをしている場面）

……（主人＝苦沙弥先生は）新《あら》たに行を改めて「さっきから天然居士《てんねんこじ》の事をかこうと考えている」と筆を走らせた。筆はそれだけではたと留《とま》ったぎり動かない。主人は筆を持って首を捻《ひね》ったが別段《べつだん》名案もないものと見えて筆の穂《ほ》を嘗《な》めだした。唇が真黒になったと見ていると、今度はその下へ一寸《ちょいと》丸をかいた。丸の中へ点を二つうって眼をつける。真中へ小鼻《こばな》の開《ひら》いた鼻をかいて、真《ま》一文字《いちもんじ》に口を横へ引張った、これでは文章でも俳句でもない。主人も自分で愛想《あいそ》が尽きたと見えて、そこそこに顔を塗り消してしまった。主人は又《また》行を改める。彼の考《かんがえ》によると行さえ改めれば□《し》か□《さん》か□《ご》か□《ろく》か何《なん》かになるだろうと只宛《ただあて》もなく考えているらしい。やがて「天然居士は空間を研究し、論語《ろんご》を読み、焼芋《やきいも》を食い、鼻汁《はな》を垂《た》らす人である」と言文一致体《げんぶんいっちたい》で一気呵成《いっきかせい》に書き流した、何となくごたごたした文章である。（以下略）

○右の□の中に、言葉に関係した漢字を入れましょう（数字の四、三、五、六に掛けてあります）。

（答えは28ページ）

○解答

詩《し》か賛《さん》か語《ご》か録《ろく》か

「詩」は説明の必要はありません。詩歌の詩です。

「賛」は、絵に書き添える文章のこと。漢文で、人や物事をほめる文章のことも表わします。

「語」も、言わずもがなですね。単語、語学、などの語です。

「録」は文書に書き記すこと。またはその文書のこと。「記録」の録です。

すべて「言葉」に関連した漢字です。

第二章　調べ方の調べ方

うーん。
何を見たらいいの？
うーん
あんな大きな声で悩まなくても…
早田さん
何調べてるの？
新暦の日付を旧暦に直せって言われて…

これが『日本《にほん》陰陽《いんよう》暦日《れきじつ》対照《たいしょう》表《ひょう》』よ。
へえ こんなのあるんだ。
陽暦(新暦)と陰暦(旧暦)とは何カ月かズレたりしているのよ。
日本史上の人物の生没年も本によって違ったりするの。
分かりました。
ありがとうございます。
ううん。
慣れれば何でもないから。

いろんなことに詳しい人がこの部にはいるから
覚えといたほうがいいかもね。
例えばあそこにいる笹原さん。
漢字や中国文学のことなら専門家よ。
わ。じゃ今度
訊《き》いてみます！

これはね。基本文献。
それから漢字には別の引き方もあってね。
そうなんですか。
さっそくレクチャーされるエツコ。
あーあオレも。
誰かにディープに教えを乞《こ》わないとなあ。
よし、じゃあディープな歓楽街《まち》で
ディープに飲むか!!
そっち方面ですか…。
校閲部 吉野さん

第二章　調べ方の調べ方

今どき珍しいですね、こんな先輩は。昔はよくいましたけどね、こういう世話好きな先輩が。まあ、こういった経験で覚えることも役に立つかもしれません、校閲の場合。

というのも、校閲の仕事には言葉や表現の適否だけではなくて、文中に出てくる種々雑多な事実・情報のチェックという側面があるからです。

一方エツコさんは、いきなり難題を振られたようです。でもこんなふうに、「調べる手立てをどうやって見つけるか」を知るのも校閲者の勉強なんですよね。

●調べる必要なんてあるの？

「プロの物書きが調べて書いたものを、校閲が僭越《せんえつ》にも調べる必要なんてあるのか？」

こういう疑問を持つ人もいるかもしれません。

むしろ作者がそう言ってくれて、それで引き起こされる問題の全責任を取る、と宣言してくれれば、校閲としては楽なのですが。

物書き（作家）がプロフェッショナルである、というのはどういうことか？　個人的な考えを述べさせていただきますと、その人の書いたもののある部分が突出して優れている、他者では絶対真似できない美質を持っている。その部分の表わす真実が、読者の心を打ち、考え方・生き方に影響を及ぼす。そういう物を書けるのがプロフェッショナルな作家であって、完璧な、間違いのないものを書くから作家なのではない。それはむしろ「専門家」と称する人々の仕事だと思います。完璧・正確さと、表現力の高さとは、別の要素として分けて考えたほうがよいのではないでしょうか。

作家と専門家、両者に優劣はないと思います。それぞれに役割があります。校閲者としては、専門家が専門分野のことを書いている作品を担当するのは気持ちが楽です。なにしろこちらが調べても追いつかないほど深く研究している人なわけですから、むしろ「調べる」というより、一読者として内容を理解するために内容の確認を取りつつ読み進める、という感じでよいわけです。ただし専門分野以外のことに触れた部分は通常どおりチェックしなくてはなりません。あくまでもその分野の専門家なわけですから、それ以外の部分まで過剰に信頼して、結果的に恥をかかせてしまう、ということがあってはなりません。

作家の場合はまた別です。作品としての表現の高みを目指す上で必要となる周辺的な情報・知識を作家は自ら調べ上げ、作品を構築していく。その過程で、専門家ほどの精緻さで情報を得ることが叶わない、またちょっとした思い違いで誤ったことを記してしまうこともあるでしょう。これは作家の才能とは別の問題です。それをサポートしてより妥当な形に仕上げる手伝いをする。それが編集者・校閲者の役割でしょう。

昨今、デジタル出版の話題が多く取り上げられますが、その議論の中に、こういう**「内容をブラッシュアップして仕上げていく」**過程に対する認識が時として抜け落ちているのは残念な話です。紙の本というものは、デジタル媒体のように簡単に修正するということはできない。できないからこそ、間違いを出さないように必死で周囲が安全点検をするわけです。書籍という知識や創作物の乗り物が失速してしまわないように。

しかもこの乗り物は一台ずつ全て設計や仕様が違うのです。一つの雛形を作れば、後は大量生産で原料コストや流通コスト等だけ考えればよい工業製品などと同じに考えるのは無理だと思います。一点一点にかかる人手が相対的にこれほど多い生産物は珍しいのではないでしょうか。

「その程度のチェックなど必要ない。自分の書くものは完璧だ。出版社など不要だ」と思う書き手も世の中にはいるでしょう。そういう書き手が増えれば、我々の仕事も店仕舞い、ということになるのでしょう。本当にパーフェクトな原稿を常に書いてくれるならば、ですが。

あるいは、パーフェクトでなかったとしても、世の中の人が、身銭を切って買った本の中の単純誤植や語法の間違い、そして事実誤認や不適切表現に寛容になるのであれば（たぶんそれはあり得ないでしょう）。

しかしとりあえず今のところ、やはり著者へのサポートは必要だ、と思われているようなので、校閲者たちは毎日、コツコツと調べ物にいそしんでいるわけです。

●とはいうものの――どこまで調べられるか

しかし、デジタル化が進展する以前は、一般的に校閲者は「校正者」と呼ばれるのが普通で、手書き生原稿の文字を、活字として正確に再現することが最大の使命だ、と言われていました。当時の合言葉は**「原稿通り」**でした。

ウェブ検索など存在しない、書籍体資料も限られている、時事的話題は記憶をたどって新聞に当たるしかない。そんな状況では、せめて活版で組まれた文字が、原稿と食い違っていないか目を皿にして照合し、国語辞書や百科事典を根拠にささやかな疑問を提出するよりなかったのです。ちょっとでも専門領域に踏み込んだ記述は、「原稿通り」にすることが原則でした。

逆に言うと、たとえそれが間違いだったと後に判明しても、校正者が責任を問われることはありませんでした。全て著者および担当編集者の責任です。守備範囲は明瞭に分かれていました。

その分、軽く扱われているという感触はありました。へたに内容的疑問など提出しようものなら、編集者から「先生が調べて書いていることに、素人が余計な疑問を出すなんて失礼だ」と言わんばかりの態度をとられたりする。しかし先方に聞いてもらうと、その疑問は採用されて直しが入ることが多かったように思います。ちょっと複雑な心境でしたね。

昔のグチはこれくらいにして、現在の話をします。

現在ではさすがに「原稿通り」というわけにはいきません。ウェブ検索の発達によって、調べの範囲が飛躍的に拡大しました。ウェブ情報を鵜呑みにすることはできませんが、昔は糸口さえ掴むのが大変だった事柄が、そのヒントになるウェブ情報によって書籍体資料で確認できる、というケースも増えています。

例えば古典文学からの引用。仮に今、『平家物語』からの引用として、

「哀《あは》れ弓矢《ゆみや》取る身ほど口惜《くちを》しかりける事はなし。武芸の家に生れずは、何《なに》しに只今《ただいま》かかる憂《う》き目をば見るべき。情《なさけ》なうも討《う》ち奉《たてまつ》つたるものかな」

という文章が書かれていたとします。

引用は、可能な限り原典と照らし合わせる、というのは校閲の鉄則です。しかし引用箇所を示さずにこの文章だけ引かれていたら、その箇所を探すのが大変です（『平家物語』に通暁《つうぎょう》している人なら別ですが）。『平家物語』を頭からなぞってそれを探す時間はありません。索引を引いてもなかなか見つかりません。

そんな時、ウェブ検索で「弓矢取る身」「情なうも」などという文句と「平家物語」という語をキーワードに検索すれば、それが巻第九の中の**「敦盛《あつもり》最期」**（あるいは**「敦盛」**）中の言葉であることが容易に分かり、古典全集などの信頼できるテキストで照

合できる、というわけです。

これは『平家物語』中でも最も有名な場面の一つで、源氏の武将・**熊谷直実**《くまがいなおざね》が、一《いち》ノ谷《たに》の戦いで、自分の息子と同い年の平家の武将、美少年の**平 敦盛**《たいらのあつもり》（数え年十六歳）を不本意にも刃《やいば》に掛けた後に、さめざめと泣きながら発した言葉です。武士の家に生まれたがために、このようなつらい思いをしてしまった。わが子と同じ、父も母もある若者を無情にも殺してしまった、という深い嘆きの言葉です。

ウェブ検索を、原典照合のインデックスとして使う、という例です。

また、ウェブで画像が確認できる、というのも、調べの範囲が広がる要因になっています。さまざまな物の形・色・大きさ等々、活字だけでは確認困難だったものが可能になりました。本のタイトルや著者名に、どういう字体の漢字が用いられているかも、本の表紙やカバーを画像確認できることではるかに正確にチェックできるのです。

「熊谷《くまがへ》余《あま》りにいとほしくて、
いづくに刀《かたな》を
立《た》つべしとも覚《おぼ》えず、
目《め》もくれ
心《こころ》も消《き》え果《は》てて、
前後《ぜんご》不《ふ》覚《かく》に
覚《おぼ》えけれども、…」

「敦盛最期」
（『平家物語』巻第九）
（校閲部資料『有職故実図鑑』［東京堂出版］その他を参考に作成）

ウィキペディアはどうなんだ、まさか信用しているわけじゃないだろうな?という質問も飛んできそうですね。現在のところの答えは、
「全面的に信用してはいないが、他に確認の代替手段を見つけるのが困難で、それが文意に大きな影響を与えない箇所である場合に限って、やむをえず確認手段とする」

というあたりが、良識的な出版社における現場感覚であろうと思います。とにかく、全く確認できず、「原稿通り」で済ませていた項目まで調べるようになったのですから、書籍でチェックということは難しいことも多いのです。

しかし、今まで書籍体資料で確認できていたことまでウェブ検索のみで済ませる、というのは(特にそれが、信頼度の高いサイトとは言えない場合)いささか危険です。これは注意しなくてはならない。また、校閲者のみならず編集者も、各人がそれぞれの得意分野を持つことは大切になるでしょう。

ウィキペディアそのものについては、その価値を性急に否定してしまうのはもったいない、と考えています。なにしろ、こういう形態の百科事典というもの自体が、人類にとって初めての経験なのであり、その精度の向上、それの見極めの方法も最終的には確立していないわけです。しかしこれほどのスケールの事典は、本では無理でし

ょう。精度向上の方法を、国際的に議論してほしいとすら思います。

また、同じウィキペディアの記事でも、言語によってそのボリューム・精度はさまざまであり、**海外の事実を確認するときは、内容的に一番かかわりの深い国の言語で記された記事を読むのが最も精度が高いものと推定されます。**なぜなら、ネット上で記事が読まれ、チェックされる頻度は、その本国においてこそ最も高いと思われるからです。また他国の記事には出ていない情報なども含まれることが多いと思われるのです。**英語の記事さえ読んでいればオーケー、というわけにはいきません。**

したがって、これからの校閲者には、**「諸外国語の読解能力」**も重要となってくるでしょう。会話より読解、です。翻訳ソフトも発達するでしょうが、果たしてその訳文が正しいのかどうか、誰が責任を持つのか、そう考えるとやはり自分が読めるようになる、というのが最善ではないでしょうか。大変なことには違いありませんが。

ウェブの比較的良い点を挙げてきましたが、ちょっと困ったことも起きています。実は、ウェブ検索が発達してから、書籍体資料の出版が急速に減ってきたのです。特に人名事典・地名事典等、校閲の基本になる資料類は近年、本格的なものの出版は激減しました。代わりに範囲を絞った、ややトリビアルな資料は増えた気がします。

しかし、校閲部は図書館ではありませんから、所蔵できる書籍の数は限られます。なるべく効率の良い資料購入をしたくとも、思うようにはいかないのです。

●実際にどんな資料を使っているの？

前説はこれくらいにして、新潮社の校閲部で実際にどんな書籍を資料に使っているのか書名を挙げていきましょうか（書名は全て新字で表記しました）。

まずは、大部で基本的な辞典（事典）類。

＊**『日本国語大辞典』**（小学館）
＊**『世界大百科事典』**（平凡社）
＊**『大漢和辞典』**（諸橋轍次、大修館書店）
＊**『角川古語大辞典』**（角川書店）
＊**『大言海』**（大槻文彦、冨山房）
＊**『大辞典』**（平凡社）

前の四つは、標準的といっても良いでしょう。後の二つは初版が戦前の、古い辞書です。古い辞書など不要だろう、という考えもあるでしょうが、それは間違いです。現在の国語辞典から抜け落ちている情報があったり、戦前の語義を確かめたりするには必要不可欠です。

例えば、動植物名（和名）を漢字表記したい時、現在の辞書類・図鑑類にはカタカナ表記しか載っていないことがほとんどですが、『大辞典』などには漢字表記がちゃんと出ている。

「ナガミノセリモドキ」という植物名の漢字名は「長実芹擬」、「コマツグミ」という鳥は「駒鶫」である、と『大辞典』には表記してあります。

また、ある著者が、「連絡」という日本語に関して、**「情報を伝える」という意味での「連絡」という言葉は昔は存在しなかった**、と書いていたと聞きました。本当かと思って『大辞典』で「連絡」という語を引いてみると、「レンラク　聯絡《れんらく》・連絡　つらなりまとふ。又、つづき。すぢ。」とあります。『大言海』では「れんらく　連絡　聯絡　ツヅクコト。ツラナルコト。又、互《たがい》ニ相関連スルコト。」とあり、少なくとも戦前までは確かに「続く」「連なる」という意味だったらしいと確認できました。なお、『広辞苑』第一版（昭和三十年）に至って、三番目の語義に「通報する」というのが初めて登場します。どうやら戦後に一般化したもの（正確な時期は分からないが）と推測されます。時代小説などで、「あとから連絡するから」という台詞《せりふ》はちょっとおかしい、ということになりそうですね。

分野別で大部のものには、

＊**『国史大辞典』**（吉川弘文館）
＊**『新訂 寛政《かんせい》重修《ちょうしゅう》諸家譜《しょかふ》』**（続群書類従完成会）
＊**『姓氏家系大辞典』**（太田亮、角川書店）
＊**『守貞謾稿《もりさだまんこう》』**（東京堂出版）
＊**『新版 江戸名所図会《ずえ》』**（角川書店）
＊**『江戸・町づくし稿』**（青蛙房）
＊**『日本古代人名辞典』**（吉川弘文館）
＊**『国書人名辞典』**（岩波書店）
＊**『世界歴史大事典』**（教育出版センター）
＊**『世界史史料』**（歴史学研究会編、岩波書店）
＊**『角川日本地名大辞典』**（角川書店）

＊**『全国寺院名鑑』**（全国寺院名鑑刊行会編、史学センター）
＊**『仏教大辞彙《だいじい》』**（龍谷大学編、冨山房）
＊**『昭和　二万日の全記録』**（講談社）
＊**『日本近代文学大事典』**（講談社）

などがあります。それと、マンガの中にも描いた、二巻本の**『日本陰陽暦日対照表』**（加唐興三郎、ニットー）もあります。

その他にも、一冊本や二冊本で各分野の辞書・事典類が多数揃《そろ》っています。例えば（以下、書名のみ記します）**『聖書語句大辞典』**、**『近代日本総合年表』**、**『日本史総合年表』**、**『故事・俗信　ことわざ大辞典』**、**『日本陸海軍総合事典』**、**『歌舞伎事典』**、**『日本流行歌史』**、**『建築大辞典』**、**『地学事典』**、**『法律用語辞典』**、**『クラシック音楽作品名辞典』**、**『原色陶器大辞典』**、**『新潮世界美術辞典』**、**『俳文学大辞典』**、**『集英社世界文学事典』**、**『ギリシア・ローマ神話辞典』**、**『字統』**、**『字訓』**、**『字通』**……。とても挙げ切れません（外国語辞書についてはまた別に述べます）。長年折に触れ収集してきた集積です（しかし東日本大震災の折は本棚が破損し、しばらく資料は段ボール箱に詰め込んだ状態になり、また若干処分せざるを得ないものもありました）。

これらは購入したものが大方ですが、一部には寄付されたものもあります。そのうち、今となっては貴重なものに、

『教練教科書』（財団法人・軍人会館図書部 昭和十六年刊）

があります。これは昭和十六年当時の中等学校以上の職員、または中等学校高学年および高等専門学校以上の学生・生徒用に編纂した、軍隊およびそこでの教練に関する教科書で、今ではなかなか入手しにくい「軍人勅諭」「戦陣訓」などが、まさに当時の姿そのままに収録されている、貴重な史料です。第二次大戦を舞台にした小説などでは、こういったものが役に立つことが時にあるのです。おそらく以前校閲部に勤務されていた戦中派の方が、仕事のためにと、手許にあったものを提供したのでしょう。

これだけ資料があっても、ウェブのカバーする範囲には遠く及びません。しかし記述された事実の確実さ、そしてその保存性では、やはり書籍体資料のほうがまだまだ信頼できるでしょう。これからは、ウェブと紙の資料を上手に使い分けることが必要ということです。

そして校閲者にとって大切なことは、我々は決して学者ではなく（学問に興味を持つことは良いことでしょうが）、あくまでもビジネスマンなのだから、より正確な知識を持つと同時に、それと常識との兼ね合いを図る努力を忘れてはならないのだ、と認識することだと思います。

◎4コマ成語・ことわざクイズ❶

上の4コママンガが表わしている成語は、左の4つのうちどれでしょう。

(答えは50ページ)

①目に物見せる
②目から火が出る
③目に物を言わせる
④弱り目に祟《たた》り目

○解答

③目に物を言わせる

①目に物見せる、は、「思い知らせる」という意味。
②目から火が出る、は、頭を何かにぶつけて痛さにぼうっとなることの形容です。
④弱り目に祟り目、は、不運が重なること。

正解に似た表現に、「目は口ほどに物を言う」があります。ほぼ同じ意味ですが、目で主張する、というより、思わず目に感情が出てしまうというニュアンスでしょう。男女間の情愛や、口でごまかそうとして容易に見抜かれてしまう、などと言う場合に使うことが多いようです。

第三章　ルビ《ふりがな》は難しい

さて
ルビの話を
しよう。
ふりがなの
ことですね。
纏綿《てんめん》
これが
ルビ
ルビというのは
ふつう
本文活字の
半分の大きさだ。
鳩《はと》
昔はルビ付きの
活字もあった。
ルビでは、さらに小さい
「っ」や「ょ」みたいな
字は使わない。
○蟄居《ちつきょ》
×蟄居《ちっきょ》
ツブレ
見えん。
活字の鉛《なまり》が
つぶれちゃうからね。

でもこれだと、外国語なんかわけが分からなくなる
Schwarzwald《シュヴァルツヴァルト》
黒い森
(ドイツの地名)
「シ㋴ヴ㋐ルツヴ㋐ルト」がルビで「シユヴアルツヴアルト」になったら発音が分からないね。「曾《かつ》て」も「かつて」か「か⃝つて」か分からない。
地名事典
活字がつぶれるか
ルビをアイマイに残すか
それが問題ね。
でも今はコンピューターの組版だから活字はつぶれない。
それ早く言って下さい!

＊2022年現在では、ルビの小文字を使う例も増えました。

あの…
どう読むか分からないときのルビの決め方は?
あ、それ聞きたい。
あ、それはね。
決めないの。ルビ振らない。
だって
分からないものは分からないんだもん。
だいじょうぶか この会社…?

第三章　ルビ《ふりがな》は難しい

コウタ君とエツコさん、ちょっと心配になってきたようですね。大丈夫ですよ。現場はそんなものです。実際、ルビは難しいんです。

●総ルビにしろと言うけれど

よく、「書籍は全て総ルビにすべきだ」という人がいますけれども、そう簡単にはいきません。というのも、決定できないルビが多いからなんです。

普通の言葉でも、例えば「頬」を「ほほ」と読ませるのか「ほお」と読ませるのか（「ほほ」→「ほお」と転じたもの〈明鏡国語辞典〉）。「無頓着」は「むとんちゃく」か「むとんじゃく」か（「とんじゃく」は「貪着《とんじゃく》」と同源〈日本国語大辞典〉で、仏教用語。現代では多く「とんちゃく」と発音）。「嚥下」は「えんげ」か「えんか」か（両様あり。医学関係では「えんげ」）。

「吝嗇」は「けち」？　「りんしょく」？（「けち」は熟字を訓読みにする熟字訓。本来は「りんしょく」）

そんなこと、作家に訊けばいいじゃないか。ええ、確かにそうでしょう、現存作家なら。しかし、すでに亡くなった作家ではそうはいかない。いや待てよ、現存作家だって、右に挙げたような、言ってみればどちらでもいいような疑問を年中ぶつけられたら、腹の一つも立てるんじゃないか。

川端康成の名作『雪国』の冒頭、

「国境の長いトンネルを抜けると雪国であった。」

の「国境」を「こっきょう」と読むか、「くにざかい」と読むかで論争がありますが、本人もどちらかを明言しなかったという話です。それが事実かどうかはともかく、実際の仕事上でも、ルビはどちらの読みですかと訊いた時、作家が「どっちでもいいよ」と答える例は結構多い。漢字の意味合いが主で、読みはさほど重要でない、ということなのでしょうね。

そうは言うが、明治時代は実際に総ルビをやってただろう。なんで昔はできて今はできないのか。

もっともな疑問ですね。しかし私はこう思うのです。当時、ルビは特別なもの以外は、出版社に任せていたのだろうと。逆に言うと、自分の思っていたのと違うルビが振ってあっても、苦情を言うことは少なかったのだろうと。そういう暗黙の了解があったはずです。

その証拠に、当時はルビがもともとくっ付いた「ルビ付き活字」が存在しました。特別な場合以外はそれを使ったから総ルビも簡単にできたのでしょう。

それに当時は今ほど外国語が登場する割合は高くなかった。外国語のカタカナルビは前もって決められません。日本語の比率が高い、という当時の状況も総ルビには好都合だったでしょう。

どっちでもいいよ。
作家もいろいろ。
絶対このルビ!

今の方式でやると、残念ながらルビ付けには大変なお金がかかります。

原稿のルビ指定の人手（なにせ膨大ですから編集者一人では捌けない）。

初校（ゲラの第一ヴァージョン）におけるルビ確認の手間（ワープロソフトでルビを打っても、印刷所ではシステム上直接変換できないことがあり、新たに打ち直す際に誤植が発生する可能性があります）。

またルビがあまり多いと、本文の文字の他にルビを読むので、校閲者の注意力も分散しますから、間違いを見逃す割合も高まります。ペースを落とせば仕事のはかが行かず、結局人件費上昇につながります。それが価格にも影響しないとは言えません。

「内輪の言い訳だ」といえばそれまでですが、それが現実なのです。

●歴史上の人名

もう一つ、ルビの振りにくい例。

それは歴史上の人名の読み方です。

昔、遠藤周作氏の『王の挽歌《ばんか》』という作品を担当したとき、九州（豊後・日向近辺）の諸大名や家臣が登場してきたのでルビを振ろうと調べたんですが、その難しいことときたら。大学の研究室ならともかく、民間の出版社の資料棚では限度があるし、こちらの知識も知れたものです。ルビの振れなかった人名もいくつかあったように記憶しています。

その他にも、例えば藤原彰子（平安時代、一条天皇の中宮）は「ふじわらのしょうし」と読むのが一般的ですが、資料によっては「ふじわらのあきこ」と読むものもあるらしい。

このように読み方の説が複数あるのは厄介（失礼！）ですが、こちらは学者ではないので、なるべく信頼できる人名事典などに依る、というスタンスで行くしかありません。

ウェブにはかなり細かい情報が出ていたりしますが、いったい信頼できるのかできないのか。とは言うものの、紙の資料で見つけられないものがウェブに出ていれば、参考にせざるを得ないという場合もある。

そういったわけですから、「総ルビ」という言葉を聞くと、校閲者は気が重くなるのです。

●ルビと仮名づかい

現在は「新仮名《かな》づかい」（以下「新仮名」と略す）が基本ですが、「旧仮名づかい」（昔の仮名づかい。「そうでしょう」が「さうでせう」、「ちょうちょう（蝶々）」が「てふてふ」になる類。以下「旧仮名」と略す）を使用するケースも文芸出版ではまだ見られます。

このことも総ルビに厄介な問題を投げかけています。

本文テキストもルビも新仮名、これは問題ない。

しかし、本文テキストが旧仮名の場合、そう簡単にはいかない。

振り方として、

・ルビも本文に合わせて旧仮名にする。

・ルビは読みやすさを考えて新仮名にする。

という二つの方法が考えられます（後で述べますが、後者はさらに二つに分かれる）。

「本文の旧仮名が読めるんなら、ルビだって旧仮名にすればいいじゃないか」と思うでしょうが、次の例を見てください。

胃腸《ゐちやう》の具合《ぐあひ》が悪《わる》くて受診《じゆしん》した内科医《ないくわい》の説明《せつめい》は、長《なが》くて要領《えうりやう》を得《え》なかつたが、仕舞《しま》ひに口《くち》にした「大丈夫《だいぢやうぶ》ですよ」の一言《ひとこと》で救《すく》はれる思《おも》ひだつた。

どうですか？　ちょっと重い感じですね。それは字音（漢字の音読み）が、見慣れないものが多いからです。

「字音仮名遣《じおんかなづかい》」と呼ばれるものですが、総ルビで旧仮名ルビにすると、この種のルビがたくさん発生します。例文のような簡単な文例ならよいのですが、難しい漢語、

「賞翫《しやうぐわん》」（新仮名は「しょうがん」）
「兵衛《ひやうゑ》」（同じく、「ひょうえ」）
「窈窕《えうてう》」（同じく、「ようちょう」）

などになると、一瞬どう読むのか迷ったりして読みにくい（慣れている人は別ですが）。ですから文庫本などでは、ルビだけは新仮名、としているものも多いのです（古典作品は別）。

しかしルビを新仮名にすれば問題がゼロか、と言われると、そうでもない。「おおう」という動詞、漢字を使えば「覆う」「被う」などとなります。この動詞、旧仮名で書けば「おほふ」です。

さて、これを「地の文は旧仮名、ルビは新仮名」の原則で表記したらどうなるか。「被《おお》ふ」となるのです。

「おおふ」。新仮名でも、旧仮名でもない不思議な表記になります（岩波文庫の正岡子規『仰臥漫録《ぎょうがまんろく》』〔一九八三年改版〕の四二ページに「蔽《おお》ふ」、一七〇ページに「匂《にお》ひ」（旧仮名は「にほひ」）の例があります）。

それなら音読みは新仮名ルビ、訓読みは旧仮名ルビにすれば？と考えた人は、

「誕生《たんじょう》祝《いは》ひ」（全て旧仮名なら「たんじやういはひ」）
「大道具《おほどうぐ》」（旧仮名「おほだうぐ」）
「錠前《じょうまへ》」（旧仮名「ぢやうまへ」）

は、どう感じるでしょうか（どれも、音読みと訓読みの混じった語。小字ルビはここでは使わなかった）。感じ方は人それぞれかもしれませんが、新旧チャンポンになる点は、

新仮名ルビと似たようなものですね。しかし、チャンポンになる頻度は、おそらく新旧ルビが混じる場合の方が高いでしょう。音訓入り混じった熟語は、結構ありますから。それを区別する手間も尋常ではないでしょう。

パーフェクトな解決は、ありません。私としては、総合的に言って、やはり新仮名ルビのほうが良い、と思います。

ルビは「読みやすくするための便宜」です。「被《おお》ふ」「匂《にお》ひ」は、受け入れるしかないでしょう。

●ルビを振る規準って？

どういう字にルビを振り、どういう字には振らないのか、疑問を持っている方も多いでしょうね。

実は、規準はないんですよね。ただ一つを除いて。

それは「常用漢字」という枠です。

新潮文庫では、常用漢字に入る漢字（およびその読み方）にはルビを振らず、常用漢字外の漢字にルビを振る、というのを基本としています。常用漢字内でも、「常用漢字表」で認められていない読み方には振ります。

もちろん、これは原則で、若干の例外はありますが、大まかに言ってこの規準でやっている。ルビ規準の冊子というのも作っています。

それを、ある程度の間隔をもって振る。数十ページに一カ所、とかいうふうに。文庫というのは、若い人もたくさん読みますから、義務教育で習わない漢字や読み方には極力振る、というふうにしています。かなりの労力をルビ作業にかけている。


しかし、文庫以外の本は、そうではありません。

規準は、ないのです。

以前（少なくとも、私が入社した昭和五十年代）は、通常の単行本にルビなんてほとんど振りませんでした。

編集者に聞いても、「そんなの、辞書引きゃ分かるだろ」の一言で片付けられていましたね。

これぐらい読めないほうが悪い、くらいの勢いです。今思えば、不親切なことです。

お前は総ルビを嫌がっているくせに、ルビを全く振らないのは不親切だ、と主張するのは矛盾していると言われそうです。確かにそうかもしれません。しかし、現実においては、ルビゼロと総ルビの中間を、悩みつつ進んで行くしかないのです。実際には校閲の各担当者が、対象となる読者を考えつつ、「これは振ったほうがいいんじゃないか」と疑問を出し、編集者と著者がそれを取捨選択する、というのが一般的でしょう。

でも、校閲者も世代はさまざまなので、「読者が読めるか読めないか」の判断にはバラつきがある。とはいえ「常用漢字」みたいな（後出の漢字の章でさんざん文句を言っておきながら）便利な「大人用の漢字枠」は存在しません。文庫のようにべったりルビを振るとうるさい。読者も著者も嫌がる。かといって、昔のようにあまりに不親切では、読めない箇所が多くなって読者が離れかねません。

ルビも結構、悩みの種です。

●外国語表記とルビ小字

「シユヴアルツヴアルト」
「ジエーヴオチカ」
「リンシヨウデイエン」

みなさん、この表記何だか分かりますか？　いや、その前に、どう発音しますか？

正解は、

Schwarzwald（シュヴァルツヴァルト。「黒い森」の意味。ドイツ南西部の山地で、観光でも有名）

девочка（ジェーヴォチカ。ロシア語で「少女」を意味する）

零售店（リンショウディエン。中国語の「小売店」）

何でこんなくだらない質問をするのか、小さく表記する文字をその通りにすれば読めるじゃないか。

その通りです。小さい文字をわざわざ大きくする必要なんてありませんよね。ところがそういう表記がまかり通っている世界があります。しかもごく身近に。

それがルビの世界なんです。

マンガにも書いてあるとおり、これは活版時代の名残です。鉛で作った活字は、あんまり小さい文字はつぶれやすいので、小字も普通の文字の大きさ（ナミ字）にしていました。デジタル時代になっても、これが慣習として残っていました。

しかしこれではあまりに不都合が多いというので、新潮社では希望する著者にはルビ小字の使用を可能にする、ルビ小字使用・不使用選択制を二〇一〇年より採用しました。

ところが、です。

意外と、ルビが全てナミ字という形式に愛着を覚えている著者が多かったんですね。翻訳者やノンフィクション作家はルビ小字に抵抗がない。外国語ルビの使用頻度も多いわけですし。しかし小説家はさまざまである。日本語のルビなら、

「渉猟《しようりよう》」より「渉猟《しょうりょう》」
「甲冑《かつちゆう》」より「甲冑《かっちゅう》」

を好む人が結構いました。

読み間違いの可能性は日本語では低いわけですし（ないわけではありません。実例を挙げれば、ある記事で北海道の足寄《あしょろ》という地名に通常通り「足寄《あしよろ》」と振ったら、会社の偉い人から「あしよろ」じゃなくて「あしょろ」だろ、と言われたケースがあります。この場合、「足」と「寄」が行をまたいでいたので目立ってしまったわけですが）。

これは個々の作家の美学の問題でもあるので、私たちが口を挟むことではありませんけれども、長い目で見ればデジタル出版の問題もあるし、自分の作品がより正確に読まれるという意味で、ルビ小字使用が徐々に増えるのではないか、と見ています(実際、その後かなり増えています)。

●電子書籍とルビの行方

活版印刷には長い伝統があって、ルビの組み方もそれなりに洗練されていました。ルビの「肩付《かた》き」というのもその一つです。

「肩付き」というのは、ルビを文字の右肩一杯に押し込むように振るスタイルです。例えば、

「凝《こ》る」(「凝《こ》る」となるのは、なるべく中央に振る「中付《なか》き」という振り方)
「怠惰《たいだ》」(中付きは「怠惰《たいだ》」)
「嗜好《しこう》」(中付きは「嗜好《しこう》」)
「悠長《ゆうちょう》な態度」(中付きは「悠長《ゆうちょう》な態度」)
「彼を表彰《ひょうしょう》する」(中付きは「彼を表彰《ひょうしょう》する」)。

肩付きルビは、本文の字間を極力空けないようにしてくれる、という利点がありま す。しかし、デジタルデータは全て中付きですから、プリントアウト原稿を見ると、何だかスカスカした感じがすることがあるのも事実です。

デジタルデータは、長い漢字群全体には、ルビを均等に割って振る「群《ぐん》ルビ」という方式を取っています。

人形浄瑠璃（文楽）の演目に「妹背山婦女庭訓」というのがありますが、そのルビは、

「妹背山婦女庭訓《いもせやまおんなていきん》」が肩付き。
「妹背山婦女庭訓《いもせやまおんなていきん》」が中付き。
「妹背山婦女庭訓《いもせやまおんなていきん》」が群ルビです。

「婦女」のところは当て字ですから、肩付きと中付きでは均等に割っています。

こう見ると、群ルビはいかにも「手を抜いた」感じがするのは、職業病でしょうかね。どの字がどの読みに当たるかを考えて振るのも、校閲の芸のうちだったんですが。

ルビの振り方は、出版各社に共通のマニュアルがあるわけではなく、各社独自に行なっています。まあ日本語ですから、結果はおのずから似通ってはきますけれども。新潮社校閲部にも、いくつかマニュアルはありますが、それらは、校閲部員が営々と積み上げてきた知識を集約したもので、学問的とは言えなくとも、実践的なものです。

しかしデジタル出版時代になって、これらはいずれお払い箱になるのでしょうか。何だか少し淋しいですね。

◎「吾輩は猫である」クイズ②

（苦沙弥先生には幼い三人の娘がいる。次の場面は、先生と三人の朝食風景だが、三人を眺めつつ、先生は三人が果たして将来結婚できるものかどうかしきりに気を揉《も》んでいる。先生の心配をよそに、末娘で、顔が横に面長な「坊《ぼう》ば」ちゃんは大暴れである）

○文中の太字の漢字に正しいルビを振りなさい。（答えは74、75ページ）

さすがに子供はえらい。これ程《ほど》おやじが処置に窮《きゅう》しているとは夢にも知らず、楽しそうに御飯をたべる。ところが始末におえないのは坊ばである。坊ばは当年《とうねん》とって三歳であるから、細君《さいくん》が気を利かして、食事のときには、三歳然《ぜん》たる小形の箸《はし》と茶碗《ちゃわん》をあてがうのだが、坊ばは決して承知しない。必ず姉の茶碗を奪い、姉の箸を引ったくって、持ちあつかい悪《にく》い奴《やつ》を無理に持ちあつかっている。世の中を見渡すと無能無才《むのうむさい》の小《しょう》

人程《じんほど》、いやにのさばり出て柄《がら》にもない官職に登りたがるものだが、あの性質は全くこの坊ばは時代から萌芽《ほうが》しているのである。その因《よ》って来《きた》るところはかくの如《ごと》く深いのだから、決して教育や①**薫陶**で癒《なお》せる者《もの》ではないと、早くあきらめてしまうのがいい。

坊ばは隣《とな》りから分捕《ぶんど》った偉大なる茶碗と、長大《ちょうだい》なる箸を専有《せんゆう》して、しきりに暴威《ぼうい》を②**擅**にしている。使いこなせない者を無暗《むやみ》に使おうとするのだから、勢《いきおい》暴威を逞《たくま》しくせざるを得ない。坊ばは先《ま》ず箸の根元《ねもと》を二本一所《いっしょ》に握ったままうんと茶碗の底へ突込《つきこ》んだ。茶碗の中は飯が八分《はちぶ》通《どお》り盛り込まれて、その上に味噌汁《みそしる》が一面に漲《みなぎ》っている。箸の力が茶碗へ伝わるや否《いな》や、今までどうか、こうか、平均を保っていたのが、急に襲撃を受けたので三十度ばかり傾いた。同時に味噌汁は容赦《ようしゃ》なくだらだらと胸のあたりへこぼれだす。坊ばはその位《くらい》な事で辟易《へきえき》する訳《わけ》がない。坊ばは暴君である。今度は突き込んだ箸を、うんと力一杯《ちからいっぱい》茶碗の底から刎《は》ね上げた。同時に小さな口を縁《ふち》まで持って行って、刎ね上げられた米粒を這入《はい》るだけ口の中へ受納《じゅのう》した。打《う》ち洩《も》らされた米粒は黄色な汁と相和《あいわ》して鼻のあたまと頬《ほ》っぺたと③**顋**とへ、やっと掛声《かけごえ》をして飛び付いた。飛び付き損《そん》じて畳の上へこぼれたものは打算《ださん》の限りでない。随分無《ずいぶんむ》分別《ふんべつ》な飯《めし》の食い方である。……（以下略）

○解答

①薫陶《くんとう》

自らの優れた人格で他人を感化し、その人を立派な人間にすること。「薫」は「香る、香り」の意味。「陶」は「すえ」とも読み、瀬戸物、焼き物の意。つまり「良い香りを染み込ませたり、土をこねて形を整え陶器にするように、他者に良い影響を与えて教育してしまう」ことです。坊ちゃんにはこの手は使えない、と漱石は（猫は）言っているわけです。

②擅《ほしいまま》

相手を無視して、勝手気ままに振る舞うこと。「擅」は「独擅場《どくせんじょう》」（「独壇場《どくだんじょう》」の正しい言い方）という熟語に現れます。「独擅場」は「独《ひと》り擅《ほしいまま》にする場」ということで、「その人だけが思うままに活躍できる場所」を意味します。

③ 顋《あご》

ふつうは「顋」ですけれど、この字は「腮」（「あご」または「えら」）という字の正字体です。「あご」を表わす漢字には頤、頷、頜、頲などがあります。

第四章　嗚呼《ああ》！　漢字

コウタくん。
何やってるの？
「憂鬱《ゆううつ》」の「鬱」の字を書く練習をしてるんだ。
鬱
これくらい書けなくちゃね。校閲者は。
欝
このほうが簡単よ。
あのね、それは俗字《ぞくじ》。
「鬱」は正字《せいじ》だよ。

俗字って何？
正字ってどういうもの？
漢字にはいくつもの形を持っているものが多いんだ。
最も正しいとされる形が「正字」。
淵
（エン、ふち）
中国、清《しん》時代の『康熙《こうき》字典《じてん》』で正しいとされる形だよ。
それとは別に一般に使われた略字体。
渕
これが「俗字」さ。
その他に「本字」「同字」「訛字《かじ》」…
うー…

まあ辞書には
そう書いてあるけどな。
わ。
部長!
分類も辞書によりけりだ。
あまり難しく考えないの。
はあ…
ところで「鬱」は書けるようになった?「正字」「俗字」は分かったようだけど。
なーんだ。
受け売りだったんだ。

ところで「新字《しんじ》」「旧字《きゅうじ》」という区別もあるね。

（新字）学 ↔ 學（旧字）

国が定めた基本的漢字「常用漢字」の中にだけある区別だ。

ふつうは「新字」を使う。

もともとは「正字」と「俗字」の区別だったのが

［もともとは］
學（正字）
学（俗字）

［常用漢字］
学（新字）
學（旧字）

常用漢字に入って立場が逆転した。

立場逆転か。
今の私たちみたいに。
えーっそんな…。

第四章　嗚呼《ああ》！　漢字

別に新字になったからといって、俗字が出世して正字より偉くなった、というわけではありません。ちょっと大げさですね、エツコさんは。

「漢字」というテーマだけでも難しいのに、俗字だの正字だの、ややこしい話は頭が痛くなる、と思った皆さん。ちょっと考えてみてください。

日本語は、漢字とひらがなとカタカナで書きますね。

ひらがなとカタカナは限られた数しかありません。しかし漢字は違います。大変な数の漢字が存在します。

日本語の間違いにはいろんな種類のものがありますが、漢字がらみの間違い、というのはかなりの割合を占めているはずです。それもひとえに漢字の文字数の多さ、その一字一字の用法の千差万別さゆえでしょう。

ですから、漢字を知ることが、日本語の知識の大きな部分を成している、と言っても過言ではないでしょう。

●常用漢字という気まぐれルール

校閲という仕事をしていると、国が定めた**「常用漢字」**というものに振り回されっぱなしだ、という感慨を持ちます。

「常用漢字」というのは、もともと戦後の昭和二十一年から二十四年にかけて整備された**当用漢字**［千八百五十字］が出発点（それ以前にも何回か同じような試みはあったが実用には至らなかった）ですが、この当用漢字の出現によって、**「新字（新字体）」**と**「旧字（旧字体）」**という用語が生まれました。

以前からあった**「正字**（正統とされる字体）**」**、**「本字」**、**「古字」**、**「同字」**、**「俗字」**、**「略字」**、**「訛字」**などの区別（これらも諸説あって、分類の定まらない部分もあるようです）に、さらに「新字」、「旧字」と来るわけですから、ややこしいことこの上ない。

簡単に説明します。

①もともとは、最も正統な字体である「正字」（これは中国の『康煕字典』という辞書で正

しいとされている字体）を使うべきだ、とされていました。このルールだけでよかったわけです（例えば**「覺」**を使うのが正しく、「覚」を使うのは間違い、ということ）。

②ところが、新しく制定した当用漢字（今は常用漢字）グループの中では、「俗字」という簡単な字形のある漢字は、その簡単なほうを**「新字」**ということにして、難しい形の「正字」は**「旧字」**と名を変えて引退させましょう、ということになったわけです（**「覚」**を使うのが正しく、「覺」は使わない、ということになった）。

「引退」というと妙ですが、つまり、普通は簡単な字のほうを使おうよ、ということにしてしまったわけです（「歩」のように、旧字「步」より画数が多い例外もありますが）。後から、これは目安であって強制ではないと言ったりしていますが、表を作れば事実上強制力を持ってしまうのは自然でしょう。

③注意しなくてはいけないのは、**当用（常用）漢字グループと、それ以外のグループではルールが違う**、ということ。当用（常用）漢字以外のグループでは、昔ながらの決まりどおり、難しい方の**「正字」**を使うのが正しい、ということです（「**攪**拌《かくはん》」は正しいが「撹拌」はアウト。この場合の**「撹」**のような字は、「新字」に似せて字形を拡張

解釈して作った嘘の字体だ、という意味で**「拡張字体」**あるいは**「拡張新字体」**という名で呼ばれます）。

ああ面倒ですね。そう思います。当然使う側も時々わけが分からなくなる。新字を使うべきところで旧字を使う。正字を使うべきところで拡張字体を使う。校閲者はそのたび交通整理をしなくてはならない。

それなのに、です。さらに厄介な事態になりつつあります。

④二〇一〇年十一月三十日に内閣告示された**「改訂常用漢字表」**では、「餅・餌・遡・遜・謎」の五文字が、本来なら常用漢字グループに入ったのだから簡単な字体（**「餅・餌・遡・遜・謎」**）を使いなさい、と言うべきところを、元々の複雑な正字も使えるという妙なルールになりました。

こんなダブルスタンダードでは運用しにくいので、新潮社ではこの五文字は今までと変わらない難しい方の字体を使っています。

⑤また、マンガの中に出てきた**「鬱」**の字も常用漢字に入りましたが、これは正字の

難しい形のまま。俗字の**「欝」**は今まで通り俗字扱いです（使ってはいけない）。「欝」の字は「新字」になれず残念、ということになりました。この他にも、**難しい正字の形だけが採用された漢字**が相当数あります（これも本来の規則に外れる）。

⑥もう一つ、新たに新字のみ使用するものとして常用漢字に入った**「痩・麺・曽」**の三文字。

これは従来のルール通りだからいいのですが、こちらも我々はあえて切り替えてはいません。この字は嫌だ、という作家もいるでしょうから。現場はそうドラスティックに変えるわけにはいかないのです。様子を見ながら徐々に変えることになるでしょう。他の出版各社はどう扱っているのでしょうか。

「痩」（旧字は「瘦」）と「麺」（旧字は「麵」）が採用された理由や経緯はともかく、「麺」が新字になったので、このごろは**「麹《こうじ》」**も簡単な字体「麹」（拡張字体）が大手を振ってまかり通るようになりました。そのうち**「麸《ふ》」**だって「麸」を使うようになり、常用漢字に入れろという声が上がるかもしれません。

ますます仕事が複雑になってきます。

（注・正字体に関する話はもう少し微妙なんですけれども、ここでは簡単にしました。「本当はどの形を使うのがいいの？」と思われる方には『新潮日本語漢字辞典』（新潮社）という辞典がお勧めです。日本語の中での漢字というコンセプトで編まれています。ですが改訂常用漢字以前のものなので、そこだけは頭に入れておいてください。『新漢語林』（大修館書店）は改訂後のもので手軽です。ただし漢文を読むためのものです。）

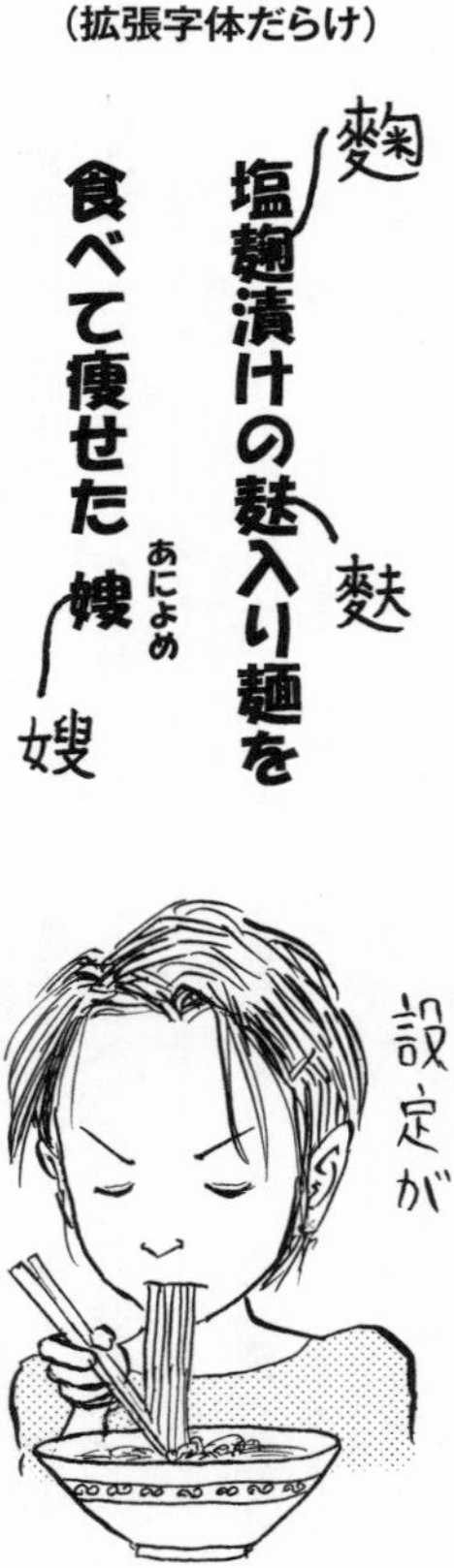

●原稿今昔《いまむかし》

出版社にとって、原稿こそは全ての出発点です。執筆者の思想・美学・知識・感情、その他もろもろの詰まった宝石の原石であって、この輝く原石を求めて編集者は日々活動し、その原石を磨き上げていくことを生業としているわけです。

その原稿が、この四半世紀で様変わりしました。

私がこの出版業界に入った一九七〇年代、原稿は全て手書きでした。手書きの原稿が、出版社と印刷所・製本所の工程を経て、活字となって世に出る。それは何か特別なことでした。自分の書いたものが活字になる、ということは一種のステータスでした。

今のように「キーボードを打てば即活字」という時代と、活字の持つ重みが全然違います。逆に言うと、活字の価値というものは今や圧倒的に下落してしまった。これが出版界に与えた影響は大きかったと思います。

肉筆原稿の時代、校閲者の仕事はまず第一に、「原稿の再現」でした。手書き文字が、正確に活字として再現されているか、が最重要項目でした。

ですから悪筆の原稿には苦労しました。

印刷所にも当時は生原稿を解読するのに長《た》けた人がいて、原稿とゲラ（印刷所で活字を組んで試しに刷ってきたもの）とを照合していると、

「おお、原稿のこの字はこの漢字か！」

などと感心したりすることも多かったのです。

それでも読みづらい原稿があると、雑誌編集部などでは、編集・校閲に一人数枚の原稿用紙を配り、元の原稿を各人が清書するケースもありました。まるでパズルです。

普通の小説なら悪筆でも大方の見当はつくのですが、これが歴史を扱ったものだったりすると大変です。一つの漢字が読み取れないだけで、大きな漢和辞典をあでもない、こうでもないとひっくり返し、「もしかするとこの字ではないですか？」と疑問を提出。しかし返ってきた答えが、

「書き間違いだった」

の一言で、思わず天を仰ぐ、なんてこともありました。

逆に、どう調べても出ていない、これはもしかすると別の字ではないですか、と聞いてもらうと、

「江戸時代のこれこれの文献に、確かにそう書いてある」

と、断固たる回答。こういうときは、印刷所に「この字を作字（新たに活字を作ること）してください」と頼むしかないわけです。

今でも生原稿というのは存在しますが、圧倒的にデジタルデータの入稿が増えました。字形の判断に悩むことはなくなりましたが、逆に字形を覚える訓練の機会が減った、とも言えます。これからの若い校閲者は、意識的に勉強する必要があるかもしれません。古い資料との照合、なんていう仕事がいつ降りかかってくるか分からないですからね。

●漢字にまつわるその他の問題

昔話ばかりしてもしようがないですね。ここでは皆さんも悩むかもしれない、漢字周辺の問題を扱いましょう。

まずは、**「送りがな」**。

送りがなの問題というのは、ある言葉を漢字とひらがなを使って書き表わす場合に、どこまでを漢字で表わし、どこからかなを使うか、という問題です。

つまり「はしる」という言葉なら、「走る」「走った」「走れば」というふうに書く。この「る」「っ（た）」「れ（ば）」の部分が「送りがな」です。

「なんだ、そんなの簡単じゃないか。変化しない部分に漢字を当てて、残りをかなにすればいいんだろ」

正解です。それでいいんです。大方は。

大方は、というのは、それでは済まないケースがあるからなんです。

動詞「おこなう」は、どう書きますか？

「行う」。――間違いとは言いません。パソコンでもまずそう表示されますし。しかし、「おこなった」を「行った」と表記すると、「いく」の過去形「いった」と同じになってしまいます。この場合、「行なう」「行なった」としたほうが誤読される余地がなくなり、合理的です。

「ふるう」（「振り動かす」とか「発揮する」という意味の動詞）はどうですか？「振う」とすると、過去形「振った」が、動詞「ふる」の過去形と同じになりますね。だからやはり「振るう」「振るった」としたいところです。

この他にも「むかう」を「向う」とすると「むこう」とも読めるなどといったケースもあります。

さらに、送りがなでは区別できないもの（「辛い」〔からい・つらい〕、「尊い」〔とうとい・たっとい〕など）もありますから、工夫するにも限度があるわけです。

これらは「他と紛らわしい」表記ですが、最近悩んでいるのが、送りがながないと読みにくいので送られるものです。

「趣《おもむき》」→「趣き」　　「手短《てみじか》」→「手短か」

「名残《なごり》」→「名残り」　　「咳込《せきこ》む」→「咳き込む」

「隣《となり》」→「隣り」　「躾《しつけ》」→「躾け」
「幼子《おさなご》」→「幼な子」

これらは、以前は必ず送りがなを取るか、と疑問を提出していましたが、あまりに用例が多いので、最近はギブアップしてそのまま通すことも多くなりました。

これらは微妙なところなんですね。著者の文章によっても違うし、会議をやって画一的に決めるという問題でもない。ここらへんの匙《さじ》加減の苦労は、校閲者だけが知っているものでしょう。

他の困った例。「ひにち」は漢字表記ができません。「日にち」は「にちにち」、「日々」「日日」は「ひび」または「にちにち」と読まれかねません。

「受付」と「受け付け」「受付け」、「取扱」と「取り扱い」「取扱い」。これらは、一般名詞なのか動詞の名詞形なのか、また表記の長さに対する感覚などによって違いますが、はっきりした区切りが付けにくい例です（新聞の用字用語集などでは一応の基準はあります）。

送りがなの次は、**「漢字の使い分け」**です。

日本語には、一つの語を表わすのに二種類以上の漢字が存在する場合が多く、その使い分けがまた微妙で校閲者泣かせです。

手元にある共同通信社の『記者ハンドブック』（第十四版）を見ると、「かたい」という形容詞の表記例として、

「**固**いことを言わずに」
「**堅**苦しい」
「態度が**硬**い」

とあります。ええっ、どこが違うの？と思わず口走りたくなります。これに似た例はいくつもあります。

「にらみが**利**く」と「風刺が**効**いている」。
「ビデオに**写**る」と「ビデオを**映**す」。

「屋上に**上**る」と「神殿に**昇**る」、「天守閣に**登**る」。

さすがに全てのケースを決められなくて、「使い分けに迷う場合は平仮名書き」となっているものもあります。

なぜなら記者用のハンドブックというものは、「書くための便利帖」なのです。記事を書いているときに表記でいちいち悩んでいては仕事にならない。このように、「この場合はこれ」とはっきり決めてくれないと困るわけです。

国語辞典でも、見出し語の表記法については、「文章を書くための辞典」と「文章を読むための辞典」という二種類があるように思います。多くの小型辞典は、表記が一種類か二種類くらいになっているものが多く、これは迷わずに書けるように最も無難で標準的な表記を示している。一方、中型以上の辞典には、表記のバリエーションがたくさん示されていることが多く、これは「こういう書き方も存在する」ことを示すことに重点を置いたものです。

校閲者が日頃使うのは、こちらの読むためのタイプの辞典ですが、時には「最も標準的な表記」を知りたいときもあります。表現の代案を出すときなどは、なるべくニュートラルな表記で出したかったりするものですから。

興味のある方は、本屋さんで辞書やハンドブックをご覧になるとよいでしょう。

●一昔前のレクチャー

私の手元に、一九九六年の新入社員に対して当時の校閲部長が行なったレクチャー用のプリントがあります。その当時は、まだパソコンが普及し始めたころで、作家はワープロ専用機で執筆する人がようやく増えてきた、という段階でした。

「最近はワープロ原稿への切り替えが行なわれており、従来起りがちな手書きによる誤字はなくなったが、その代わり同音異義語の変換ミスが多くなっている。(以下略)」

という注意書きの後に、実例が挙げられています(上が間違い、下が正しい表記)。

濡れ手で泡→濡れ手で粟
危険の余地はできた→危険の予知はできた
加熱気味の報道→過熱気味の報道
(中略)
牽引者となって→牽引車となって

うるさ方↓うるさ型
申告罪↓親告罪（注・「親告罪」とは、被害者が訴えて出なければ起訴されない犯罪）
盛りたてる↓守りたてる
現状回復↓原状回復

このうち、「盛りた（立）てる」は、現在の『新明解国語辞典』（第八版）では認められていますし、『三省堂国語辞典』（第八版）では別語として立項されています。国語も少しずつ移り変わります。

それにしても、当時のワープロの性能から言って、変換ミスは相当多かったと思われます。神経をとがらせている校閲部の空気が蘇ってくる気がします。

最後に、面白いメモがそこに記されていました。レクチャー中に部長が話したのでしょう。原稿の「電話送稿」（電話で話して原稿を送ること。当時はメールがまだ一般的ではなかった）で、

「余は何をか知ると**門弟**《もんてい》**には**自ら問うた」

と活字化されたものが、実は、

「余は何をか知ると**モンテーニュは**自ら問うた」（「私が何を知っているだろうとモン

テーニュは自分自身に問いかけた」）の間違いだった、という例が記されていました。モンテーニュは、十六世紀フランスの有名な思想家です。

声による変換ミス。ここまで来ると笑い話ですが、コンピューターの音声変換技術が応用されたら、またぞろ復活しかねない現象です。

温故知新。用心しなくては。

校閲の仕事

原稿合わせ

（原稿引き合わせ、
原稿照合）

原稿と、それを元に活字を印刷した第1ヴァージョン（初校）を照合する作業。原稿と違う所は赤い字で訂正。おかしいな、と思った所は鉛筆で疑問を書き入れる。校閲の、基本中の基本です。でも意外と難しい、奥の深い作業なんですよ。

◎漢字クイズ

○次の漢字の旧字体を書いてみましょう。

①台 ②恋 ③猟 ④様
⑤満 ⑥恵 ⑦成 ⑧国
⑨来 ⑩獣 ⑪余 ⑫体
⑬発 ⑭双 ⑮継 ⑯尽
⑰参 ⑱雑 ⑲触 ⑳道

（答えは100ページ）

○解答

①臺　②戀　③獵　④樣
⑤滿　⑥惠　⑦成　⑧國
⑨來　⑩獸　⑪餘　⑫體
⑬發　⑭雙　⑮繼　⑯盡
⑰參　⑱雜　⑲觸　⑳道

いかがですか？　意外と難しいかもしれませんね。ここでは字形の違いの大きいものが中心ですが、常用漢字全体を見渡すと、小さな違い、例えば④⑦⑩⑱⑳のような小さな差異で新旧が分かれるものの方が多く、応用範囲も広いと思います。『広辞苑』

第七版（岩波書店）の「付録」にある「漢字小字典」や『標準校正必携』（日本エディタースクール）などにある「常用漢字表」を見ながら覚えれば早いでしょう。

なお①は、「台覧《たいらん》」「天台宗」などのときは旧字でも「台」のまま。これは「台」と「臺」という、元来異なる字を「台」の形でまとめてしまったためです。⑪も、「私」を意味する「余」のときは、解答に示した字形にならず、「余」のまま。これも「余」と「餘」という二種類の字をともに「余」の形としたためです。

◎4コマ成語・ことわざクイズ2

年配の女性が、若いころは男性にもてはやされたこともあった、と自慢するときに使う成語です。

（　）内に入る言葉を、左から選びなさい。

（答えは104ページ）

（　　）鳴かせたこともある。

①金糸雀《カナリヤ》　②頰白《ほおじろ》
③鶯《うぐいす》　④郭公《かっこう》

○解答

③鶯《うぐいす》 鳴かせたこともある

梅の花を若い娘に、それに引き寄せられる鶯を若い男性になぞらえたもの。
山形民謡「真室川音頭《まむろがわおんど》」にも、

わたしゃ真室川の　梅の花
あなたマタ　この町の鶯よ
花の咲くのも待ちかねて
蕾《つぼみ》のうちから　通《かよ》て来る

とあります。よくある喩えです。

第五章　仮名づかひ今昔

へえ。
料理好きなんだ。
このごろコツを覚えてきました。
調味料の順序「さしすせそ」って役に立ちますよね。
1 さ（砂糖）
2 し（塩）
3 す（酢）
4 せ（醤油＝せうゆ）
5 そ（味噌＝みそ）
ああ あれね。
でもあれ一箇所おかしいのよ。
校閲部 早田さん

旧仮名では
「醤油」は
×「せうゆ」
じゃなくて
○「しやうゆ」
えーっ。
じゃあ「さしすせそ」じゃなくて「さしすしそ」ですか。
でもね
昔の人だって仮名づかいは間違えたのよ。
本当ですか?

旧仮名づかいというものは平安時代の都（京都）の言葉を再現しようとしているものよ。

いとをかしきことかな
だから言葉の変化した後の時代の人には難しいものなの。

かうしていつ迄も居たひねへ。

江戸時代の人だってずいぶん間違えた使い方をしてる。

でも旧仮名を覚えていないと校閲者はちょっと困るの。

そ、そうなんですか？

旧仮名づかいにも
2種類あるしね。
へえ。
何か
旧仮名レクチャーになってきたね。
お願いします。
で、その夕方。
それぢやさやうなら。
何か言葉遣《づか》い変わってない？

第五章　仮名づかひ今昔

文芸物などの校閲をする上で、「旧仮名づかい」（以下「旧仮名」と略します。戦前まで使われた古い仮名づかいのこと。別名「歴史的仮名づかい」）の知識は必須です。

「古い文章を引き写すだけなら見たとおりにすればいいのだから、そんな面倒な知識は必要ないだろう」

と言う人もいるかもしれません。

ところが、それだけではないんですね。

旧仮名で書きたい、という人が結構いる。しかも正確に書いてくれるならともかく、往々にして間違えて書く人も多い。世間的にも「ちょっと怪しい旧仮名」というものが流布していることもあるのです。

歌謡曲のタイトルに「シクラメンのかほり」というのがありますが、「かほり」（香り）というのは旧仮名としてはおかしい。旧仮名は「かをり」です。

マンガの中に登場する「せうゆ」と似たものに、「どぜう」（泥鰌）があります。旧仮名では「どぢやう」と書くのが正しい、とされています（もっとも語源が未詳なので諸説あるそうですが、室町時代の文献に従って「どぢやう」が有力な説とのこと。『日本国語大辞典』〔小学館〕を参照）。

ずいぶん面倒くさいものです。いったい「旧仮名」って何なんでしょうか。

ちょっとここで、「旧仮名」についておさらいをします。

●仮名づかいの歴史

そもそも現在「旧仮名」と呼ばれているのは主に、江戸時代の国学者・契沖《けいちゅう》（一六四〇〜一七〇一）の定めた**契沖仮《か》名遣《なづかい》**を基本とした仮名づかいのことを指しています。これは明治政府が国定教科書に採用したため、戦後新仮名づかいが普及した後も、旧仮名と言えばこの仮名づかいを意味することが一般的になっているのです。

契沖仮名遣より以前、長い間に亘《わた》って代表的な仮名づかいとして君臨したのが**「定《てい》家《か》仮名遣」**です。藤原定家《ふじわらのさだいえ》（一一六二〜一二四一）は平安時代末から鎌倉時代にかけての歌人・歌学者ですが、彼が古典文学研究の成果の一つとして著わした『下官集《げかんしゅう》』（十三世紀前半頃の成立か）で示した仮名づかいをベースにして、十四世紀の僧侶・行《ぎょう》阿《あ》が『仮名文字遣《もじづかい》』を著わし、それが定家仮名遣または行阿仮名遣として普及しました。

　つまり、契沖が現れるまで三百年ほどは、体系的な仮名づかいといえば「定家仮名遣」のみの時代で、契沖以降は二つの仮名づかいが併存していた、ということです。

　もっとも実際には、言葉や発音の変化による仮名づかいの乱れも相当あり、江戸時代の表記などはちょっと「自由すぎる」ものになっています。

　無理もないでしょう。定家も契沖も程度や範囲の差こそあれ、「いにしえの由緒正しい日本語」のための表記を追求していたわけで、方言や俗語、後代の言語変化など

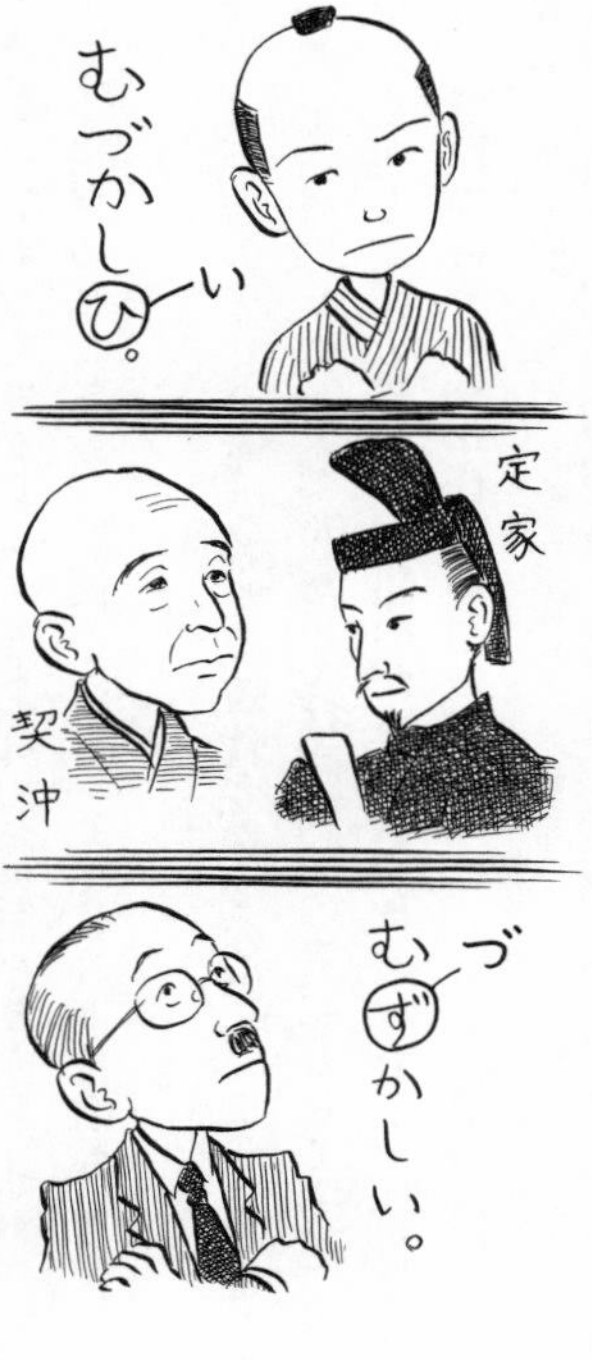

は問題にもしていないわけですから（ましてや外国語表記などは論外です）。江戸の庶民も、現在の私たちも、旧仮名に対して感じる不自由さは似たようなものでしょう。

そして戦後、一九四六年に公布された**「現代かなづかい」**（現在は改定されて**「現代仮名遣い」**となっている）。これも厳密に言えば現代語の表記として問題は多々あるものですが、少なくとも、初めての「口語のための表記体系」です。話し言葉を文字化しよう、という意図を持った文字体系が初めて登場してからわずか百年に満たない、というのは驚きですね。

●現代における仮名づかい

そして現代。インターネット、携帯電話、スマートフォン……次々と現れる情報端末。そこでやり取りされる膨大な量の日本語。使われる表記も千差万別、思わぬところに現代仮名づかいの問題点が浮き彫りになったりします。

例えば、もう流行語というより一般化して（もはや古びて？）しまった**「チョー〜」**（「超〜」）という表現。「ちょー」とひらがなで書くこともあるようですが、やはり音引き（「ー」の記号）を使う例が多いようです。「オー」という発音を「おう」（カ行なら「こう」、サ行なら「そう」、以下同）と表記することになっていますが、[ou] ではなく実際は [oː] なので、音引きを使うケースが現れます（「琺瑯」を「ホーロー」と記する類）。

同じように「エー」（[eː]）も「えい」「けい」「せい」……ではなく、「えー」「けー」「せー」……となることがままあります（「最低」を「サイテー」とカタカナ表記したりする場合）。

もう一つ私が面白いと思うのは、以前からも存在しましたが、文頭の**「ったく」**という表記。

もちろん「まったく（、もう）」という、呆れた気持ちを表わす間投詞の省略形ですが、実際の発音で語頭の「ま」が落ちてしまうことが多いという現象をうまくすくい上げた表記です。

「った」の部分は [tta] という、二重子音 tt を含む表記です。しかし、これが語頭に来たときはたして二重子音として発音されているのかどうかは微妙な問題です。最初の t は内破《ないは》といって、実際には破裂（呼気が、口の中の閉じられた箇所を突き破って漏れること）しないため、音としては聞こえず、むしろ話す人がそういう発音だと意識しているかどうか、が問題になるのです。私としてはこの発音は単なる[taku]ではなく[ttaku]だと思うのですが。音声学の専門家はどう考えるのでしょうか。

その他にも絵文字やアルファベットを使った表記など、仮名づかいからはちょっと離れますが、人間の「身振りを添えて話すのと同じように書きたい」という欲求が奔放に発揮されていて、なかなか面白いものです。今後の仮名づかいの方向性に影響を与える現象もあるのではないでしょうか。

●新仮名を旧仮名に直してみよう

新仮名づかいの枠にも収まりきらない表記を面白がってきましたが、今度は一転、新仮名で書かれた文章を旧仮名に変換する、という、百八十度逆方向の話です。

そんな無駄なテクニックは必要ない、旧仮名にも二種類あると言ったばかりではないか、という声が聞こえてきそうですね。

学問的に言えばそうですが、実際上、旧仮名表記をしたいという要望は存在するし、それを導く教科書などがあまりないので、ここである程度のポイントを説明しておくことは無駄ではないでしょう。

それに我々校閲者は、仕事上、旧仮名のチェックという難関にはたいていぶち当たるし、次世代の日本語チェック技術者を育てる意味でも、ここで簡単に触れておきたいと思います（詳しく説明するには一冊の本が必要でしょう。むしろ国語学者の仕事です）。

ここで旧仮名と呼ぶのは「契沖仮名遣」を指します。

なぜなら、明治政府がこの仮名づかいを基本として教科書に採用して以来、公文書や学校教育ではそれを基準としており、辞書等もそれによって編まれているからです（戦前までは）。現代の国語辞典でも、中型以上のものなら、たいてい契沖仮名遣に基づく「歴史的仮名づかい」が単語の下に併記されており、調べるのが容易なのです（「定家仮名遣」は再現が難しい）。

●新仮名の中の、どの文字が変化する可能性があるのか

①和語における変化

○新仮名の**「い」→「ひ」**、**「ゐ」**、または**そのまま**（「い」のまま）。

（例）言います→言**ひ**ます　　そこにいる→そこに**ゐ**る　　美しい花→美し**い**花

（「言う」は旧仮名**「言ふ」**。その活用形なのでハ行になる。**旧仮名形の終止形は国語辞典の「言う」の見出しの下に小さく記されている。**ただし小型の実用向け辞書には載っていないので注意。動詞活用については、古語辞典や『大辞林』〔三省堂〕のような古語の活用表のある辞書を参照のこと。ただし**旧仮名は平安時代の言葉を規準としているので、時代別の活用が示されている場合は平安時代の活用を見ること。**「いる」は旧仮名**「ゐる」**。

なお、「老いる」は旧仮名**「老ゆ」**で、活用も違うので「老**い**る」のまま。古語の終止形「ゆ」で終わる動詞には注意。また形容詞の終止形・連体形の「い」はそのまま）

○新仮名の**「う」**→**「ふ」**、または**そのまま**。

（例）買う→買**ふ**

○新仮名の**「え」**→**「へ」**、**「ゑ」**、または**そのまま**。

（例）言えば→言**へ**ば　植える→植**ゑ**る　覚える→覚**え**る

（「植ゑる」、**「飢ゑる」**、**「据ゑる」**などの動詞に注意。また、「覚える」は元々「覚ゆ」で、活用が違う。前述のように、**「越ゆ」「燃ゆ」**など「〜ゆ」で終わる動詞には注意）

○新仮名の**「お」**→**「ほ」**、**「を」**、**「は」**、**「ふ」**、または**そのまま**。

（例）おおい（多い）→お**ほ**い　しおれる→し**を**れる
言おう→言**は**う（動詞の活用。古語「言はむ」に対応）
たおれる→た**ふ**れる（例外的。「あおぐ」→「あ**ふ**ぐ」もあり）

○新仮名の**「じ」→「ぢ」**、または**そのまま。**

（例）はじらう→は**ぢ**らふ

○新仮名の**「ず」→「づ」**、または**そのまま。**

（例）あずかる→あ**づ**かる

○新仮名の**「わ」→「は」**、または**そのまま。**

（例）言わない→言**は**ない

○新仮名の小字**「ゃ」「ゅ」「ょ」**→そのまま**並字（普通の大きさの字）**にするか、または**前後の仮名と合わせて変える**か（「ゅ」「ょ」の場合。いろいろなパターンがある）。

（例）ちょっと↓ち**よ**つと　しゃちほこ↓し**や**ちほこ
ぎゅうぎゅう↓ぎ**ゆ**うぎ**ゆ**う
きょう↓**けふ**　〜でしょう↓〜で**せう**
しゅうと↓しうと（**「ゆ」が消える**）

○新仮名の小字**「っ」**↓全て**並字「つ」**にする。

○**「オ段」の仮名**が**「ア段」の仮名に変わる**場合と**変わらない**場合。

（例）そう（「そのように」の意）↓**さ**う　こう↓**か**う
（**「どう」「もう」**などは変わらず）
〜のように↓〜の**やう**に　〜しよう↓〜し**よう**
（推量・勧誘・意志の助動詞「〜よう」は旧仮名でも「〜よう」です）

○**前後の仮名も変わる**もの（記憶するしかない）。

（例）とうとい→**たふ**とい　　たずさわる→た**づ**さ**は**る
おじ→**をぢ**　　いきおい→いき**ほひ**

結局辞書を引くのが近道なのですが、大方こんな要領で旧仮名の文章を読んでいればだいぶなじめるでしょう。**読んでいるうちに自然と覚える**ようになります。動詞・助動詞・形容詞・形容動詞の変化は表を見ましょう。

②漢字の音（字音仮名遣）

今まで触れたのは、本来の日本語（大和言葉）の部分で、漢字の読み方については別に考えなくてはいけません。ルビの章でも説明しましたが、漢字の旧仮名読み（字音仮名遣）は複雑で、結局のところ辞書をいちいち引くしかないのです。歴史的仮名づかいが記された辞書なら、字音仮名遣も同じく見出し語の下に出ています（なお、補足しますと、字音仮名遣は江戸時代に本居宣長〔一七三〇～一八〇一〕が研究・整理したものです）。少しだけ例を挙げます。

ちょうちょう（蝶々）→**てふてふ**（有名な例ですね）
きょうちょう（強調）→**きやうてう**　とうとう（到頭）→**たうとう**
かんしょう（観賞）→**くわんしやう**　しょうちゅう（焼酎）→**せうちう**

多くは漢字を使うので旧仮名は気にしなくてもいいのですが、「とうとう」のように平仮名で書くことの多い語もありますから要注意です。

●実際に直してみよう

流行語としてはちょっと古いかもしれませんが、こんな例を。

「チョーかわいい」→「テウかはいい」

「チョー」は漢字の「超」から来ているのが明らかなので旧仮名に変えられます。「超」の字音は「てう」です。「かわいい」の旧仮名は「かはいい」。

ドラえもんとしずかちゃん→ドラゑもんとしづかちゃん

「えもん」は「衛門」（「右衛門」の略）でしょうから、旧仮名「ゑもん」。「しずか」は普通に「静」の字を当てれば「しづか」となります。小字「ゃ」は大きくしましょうね。

最近かっこいい人がいて、好きになったように自分では思うんですが、ほんとうに好きなのかどうかいまいちはっきりしません。どうゆう気持ちなら「好き」だと言えるんでしょうか？

小学校高学年くらいの女の子の文章という設定。これを旧仮名にしてみます。

最近かつこいい人がゐて、好きになつたやうに自分では思ふんですが、ほんたうに好きなのかどうかいまいちはつきりしません。どうゆふ気持ちなら「好き」だと言へるんでせうか？

「かっこいい」は本来「かっこういい」でしょうが、当てる漢字により旧仮名が違います。「格好いい」なら「かくかういい」、「恰好いい」なら「かつかういい」です。しかしここではその口語的変化形「かっこいい」となっており、漢字を当てるよりも発音そのままに表記するほうがよいでしょう。

「いて」は旧仮名「ゐる」から来ています。「～ように」の「よう」は類似を表わす形式名詞（旧仮名「やう」）なので「やうに」となります。「思う」は旧仮名「思ふ」。

「ほんとう（本当）」は字音で「ほんたう」。「いまいち」は変化なし。

「どうゆう」の前半「どう」は旧仮名でも同じ。後半の「ゆう」は「いう」の口語的変化ですが、こういうものが歴史的仮名づかいの弱点で、本来の形「いふ」とするか、わざわざ表音的に「ゆ」を使っている点を尊重して「ゆふ」とするか、辞書によって解釈が違います。ここでは後者を取ります。

「言へる」は「言ふ」から。「～でしょう」は「～でせう」が旧仮名。「っ」は全て「つ」となります。

ハッピー・バースデイ→変化なし

当たり前ですね。外国語表記は旧仮名の管轄外です。

あずましい（津軽や北海道の方言で「心地よい、ほっとする」の意）**→あずましい**

これも変化なし。方言で、平安時代の京都の言葉との関連がはっきりしないものは、表音的に表記するしかありません。「吾妻しい」と書く向きもあるようですが、語源の確証がなければ当て字と解釈されます。

このように、現代文を旧仮名に直してみるというのは、面白いと同時に、日本語への新鮮な視点を提供してくれる遊びだと思いますが、いかがでしょうか。

（なお、この章を書くにあたって小松英雄『いろはうた』（講談社学術文庫）、渡辺実『日本語史要説』（岩波書店）等を参考にしました。新仮名から旧仮名への変換規則は筆者がまとめたもので、決して学術的な記述ではなく、大まかな要諦《ようてい》を読者に示すもので、細かい遺漏は避けられないかと思います。ご指摘をお待ちするとともに、本格的な記述を専門家の方々に期待するものです。）

「マジ」は「マジ」のまま

校閲の仕事

素読み

赤字合わせの済んだ再校ゲラを、内容の整合性・統一事項その他に注意しつつ読む作業。デジタル化された現在では、初校から素読みということも多い。同時に調べ物もします。

◎おとぎ話「浦島太郎」の一場面を小説風にした次の文章を、旧仮名に（ルビも）しなさい。

太郎は乙姫を見た。そのいくぶん広めの額、うつむいた眼差しの下に覗いている、わずかに開いた紅《くれない》の唇。

「もうお帰りになるつもりなのでしょう」視線を動かさずにそう言う。

「決して、あなたや、この龍宮に飽いたというわけではないんだ」

咄嗟《とっさ》に言い訳が口を衝く。姫に見抜かれぬはずはないのに、つい言葉が出てしまう。いやな汗が背中を伝う。

「わかっておりました。どんなにここにいると楽しい、しあわせだ、とあなたがおっしゃっても、いずれはここを捨てて故郷へ帰りたいとお思いになると」

乙姫はいかにも悲しい、という顔はしなかった。ほとんど無表情に近いその顔に、かえって嘆きを感じてしまうのは、太郎が罪深さを感じているゆえなのか。

「お帰りになるのですね」

念を押すように姫は言う。ああ帰るんだよ、そうなんだ。どうしてあの故郷の村を、老いた父母のいる家を、幼時からの友垣《ともがき》のいる村を、忘れられようか。心にかけた娘もいたが、姫の手前、そのことは心の中で押し潰す。また汗が噴き出る。

乙姫は静かに部屋の奥へ行き、小さな箱を持ってきた。それを太郎に手渡す。

「玉手箱です。決して開けてはなりませんが、ここの思い出にお持ちください」

不思議なことを言う。開けてはならぬみやげとは。しかし太郎の魂はもはや故郷に飛んでいる。乙姫は静かな、世にも淋しいほほえみを浮かべた。

（答えは130～131ページ）

○解答

太郎は乙姫を見た。そのいくぶん広めの額、うつむいた眼差しの下に覗いてゐる、わづかに開いた紅《くれなゐ》の唇。

「もうお帰りになるつもりなのでせう」視線を動かさずにさう言ふ。

「決して、あなたや、この龍宮に飽いたといふわけではないんだ」

咄嗟《とつさ》に言ひ訳が口を衝く。姫に見抜かれぬはずはないのに、つい言葉が出てしまふ。いやな汗が背中を伝ふ。

「わかつてをりました。どんなにここにゐると楽しい、しあはせだ、とあなたがおつしやつても、いづれはここを捨てて故郷へ帰りたいとお思ひになると」

乙姫はいかにも悲しい、といふ顔はしなかつた。ほとんど無表情に近いその顔に、かへつて嘆きを感じてしまふのは、太郎が罪深さを感じてゐるゆゑなのか。

「お帰りになるのですね」

念を押すやうに姫は言ふ。ああ帰るんだよ、さうなんだ。どうしてあの故郷の村を、老いた父母のゐる家を、幼時からの友垣《ともがき》のゐる村を、忘れられようか。心にかけた娘もゐたが、姫の手前、そのことは心の中で押し潰す。また汗が噴き出る。

乙姫は静かに部屋の奥へ行き、小さな箱を持つてきた。それを太郎に手渡す。

「玉手箱です。決して開けてはなりませんが、ここの思ひ出にお持ちください」

不思議なことを言ふ。開けてはならぬみやげとは。しかし太郎の魂はもはや故郷に飛んでゐる。乙姫は静かな、世にも淋しいほほゑみを浮かべた。

第六章　グローバル時代の翻訳

関さん
ヨーロッパ系言語担当
和泉さん
中東・インド系言語担当
黒岩さん
東アジア系言語担当
うちの部の外国語担当だ。
たまたま揃ったんだけどね。
ぼくは英語も怪しいです。

うーん…
これは…
yek kūze sharāb tā beham nūsh konīm
どうやらこれは
ペルシャ語だな。
z-ān pīsh ke kūzehā konand az gele mā
یک کوزه شراب تا بهم نوش کنیم
「共に一壺《ひとつぼ》の酒を汲《く》みかわすために。死したる我らの土塊《つちくれ》で壺作らるるその前に。」
意味はねえ…
へえ。
زان پیش که کوزه‌ها کنند از گل ما

ほー。
これはペルシャの詩人オマル・ハイヤームの「ルバイヤート」の一節だね。
はぁ…
そ、そうなんですか
ねえ コウタくん。
どうしたの急に?
え、いや英語ぐらいやり直さないと。
でも頭に入らねェ…
英文法をもう一度

第六章　グローバル時代の翻訳

すごいですね、この会社の校閲部は。こんな部員が揃っていたら、どんなに心強いでしょう。このマンガの校閲部は、一種の理想形です。「外国語担当」なんて置いている校閲部はおそらく存在しないんじゃないでしょうか。翻訳や、それ以外での外国語の調べは、個々人の能力・才覚にひたすら任されている、のが現状でしょう。出版社全体の現状は、分かりません。しかしかなり心許ないものではないか、と推測します。

さて、翻訳の校閲について本格的に論じた文章を、私は寡聞にしてまだ読んだことがありません。

翻訳というのは、外国語で書かれた原著書を、翻訳者という人間を通して、日本語に移し替える作業です。その過程で、原著に書かれた事柄に関するさまざまな疑問を、翻訳者は調べ上げて日本語に転換する。編集者や、ましてや校閲者が介在する余地はほとんどないだろう、と思われるかもしれません。

そうだったと思います、昔は。また現在でも、翻訳者が非常に優秀で、結果的に「全て任せておいてもよかった」ということはあるでしょう。

しかし、昔と現在とでは状況が大分変わりました。

●翻訳校閲今昔

明治時代なら、海外のことなどほとんど誰も知らず、翻訳者の訳文に注文をつけることなど滅多になかったでしょう。外国はただ憧れの対象であって、訳文そのものが海外に関する貴重な情報源だったはずです。

海外を知る人が徐々に増えたとはいえ、おそらく戦前、いや昭和の中盤くらいまでは、海外渡航というのは一大事であって、そう誰にでもできることではありませんでした。ですから、渡航者や専門家が「向こうではこうなんだ」と言えば、「そうなんですか」と拝聴するしかなかった。翻訳も同じです。そう訳してあるのだから、この訳文を理解すれば海外の事情も思想も芸術も理解できる。できないのはこちらの頭が悪いからだ。本気でそう信じていたと思います。

しかし現代ではそうはいかないでしょう。海外など誰でも行ける。海外情報もインターネットで簡単に知ったり調べたりできる。間違った訳文には「それは違う！」というツッコミがどこから入るか分からない。

その上、現代世界自体がグローバル化していますから、原文そのものの中にも、当該国以外の国や民族の言語・文化の要素が入り込む率が以前と比べてはるかに高くなっている。

翻訳者にとっては大変な時代になっているのです。

それなのに編集や校閲が、昔と同じように「先生にお任せ」と気楽に構えていられるでしょうか。

こんな例があります。

あるドイツの古典文学の文庫本を改版するときに、念のため原書を預かって、疑問が出たら参照しつつ仕事を進めていました。ところが、ある箇所に**「盆踊り」**という表現が出ていました。いくらなんでも外国で盆踊りはないだろう、とその箇所を原文で確かめると、なんと**「仮面舞踏会」**（Maskenfest）のことでした。

今考えれば「とんでもない」訳だ、ということになるのでしょうが、その当時（たしか昭和二十年代の訳だったと記憶しています）は、「仮面舞踏会」などという言葉はほとんどの日本人は知らなかったのでしょう。だから訳者はさんざん頭をひねった末に、人々が集まり踊る催しとして一番近い「盆踊り」を選んだのだと思います。

昔の訳書によく出てきた**「枯草熱《こそうねつ》」**(hay fever)という用語も、私などは、そういう風土病みたいなものが海外にはあるのだ、と理解していましたが、何のことはない今で言う**「花粉症」**(原因物質は違うかもしれませんが)のことだと分かって、腑《ふ》に落ちたような、落胆したような気持ちになったことがあります。もっとも「花粉症」という表現自体、日本で普及したのが比較的最近(一九八〇年前後)のことですけれども(私自身が早くから花粉症でしたが、若い頃はそういう言葉がなく、「鼻風邪」とか「鼻炎」とか言われて、効かない薬を処方されていました)。

今こういう翻訳をするわけにはいきません。読者の方が、漠然とそんなものか、と受け入れてくれるのを期待して仕事をすることはできないからです。世界が狭くなった分、正確さが要求されるようになったのです。

今から確証を得るのは難しいのですが、**昔は、原書を用いたチェックは一般には行なっていなかった**ものと思われます。英語に限って考えても、以前は特殊技能と考えられていたでしょうし(英語が読める人の割合もずっと少なかった)、周辺情報も得られなかったわけですから、訳者の訳文に注文をつけるなどということは、越権行為と取られかねなかったでしょう。大学の英文科でも出て、よほど原書読解の修練を積んだ人なら別でしょうが。

ですから逆に**「原書など見なくても、誤訳は訳文を見れば必ず分かる」**という説が、まことしやかに流布されていて、それを信じて仕事をしていた校閲者も多かったことと思われます。

でも、常識的に考えて、変だと思いませんか？　この説は。

確かに訳文が明らかに破綻していて、矛盾が露骨に現れていれば、訳文を読んだだけで指摘できるでしょう。しかし、何かかすかにおかしい、腑に落ちない、といった程度の疑問は、それだけでは指摘できません。その微妙な疑念を、「ここがこうおかしい」と、はっきり疑問の形にするのが難しいからです。そういうときに、原文のその箇所を確認することで、疑問がはっきりと提示できるということは結構多いのです。ただし、仮にセンテンスを飛ばしたりしていても、日本語内でうまく辻褄を合わせられていると発見はできません（訳者と同じように全て原文をフォローしていたら物理的に仕事になりません）。これに関しては訳者を全面的に信頼せざるを得ません。

少なくとも**英語の訳文の質に関しては、この三十年くらいの間に格段の進歩があった**（もちろんケース・バイ・ケースですが、良心的な翻訳に限って言うなら）と実感しています。それはやはり、専門の職業翻訳家が輩出すると同時に、出版社側の人間も英語にアレルギーがなくなり、当たり前の技能と化してきたことが大きいのではないでしょうか。全体的に底上げされたのです。

●英語以外の外国語について

では、英語以外の外国語についてはどうでしょうか。

まず、翻訳の原文そのものが英語以外の言語である場合。

私が今まで携わった翻訳校閲で、英語以外の原文というと、フランス語・ドイツ語・イタリア語・スペイン語・ポルトガル語・ロシア語・オランダ語・韓国語・ヘブライ語・フィンランド語・バスク語が思い浮かびます（なぜか中国語には縁がなかった。調べ物はよくやりますが）。

一般的には国連の公用語（英語・フランス語・スペイン語・ロシア語・中国語・アラビア語）プラス欧州文明の担い手としてのイタリア語・ドイツ語、そして隣国の韓国語あたりが、原文として登場する確率が高い、と言えるかもしれません。ただしアラビア語は難物ですし、例外でしょう。

これらの翻訳校閲においても、私は必ず原文を傍らに置きます。前に述べましたように、以前言語学を齧っておりましたから（詳しい経緯は拙著『世界中の言語を楽しく学ぶ』〈新潮新書＝電子書籍〉をご覧ください）、疑問箇所の原文を辞書を引き引き読む、くらいのことはします。あまり変わった言語なら別の専門家にチェックしてもらえばよいのですが、そもそも専門家が簡単には見つからない言語もあり、コストの問題もありますから、社員がどうにかできるならそれに越したことはありません。

そして、**これら英語以外の翻訳でも全体のレベルというものはかなり上がっている、**というのが正直な印象です。以前は大学の先生が訳すことが多く、その言語の実力はもちろん十分お持ちでしょうが、訳語としての日本語の表現に問題があるケースもままあったのです。場合によっては弟子筋に訳させる、ということもあったらしく（その後で監修する、とは聞いていましたが）、時折ちょっと首を傾げたくなるような訳文に出会ったりしました。最終的な翻訳の質、というものは日本語の表現力に大きく依存します。そこの修練、という意味では昨今の翻訳家（もちろん大学の先生も含めて）は大幅にレベルが上がったと、ゲラを読んでいて実感します。

ただし問題は、翻訳の原文が英語であっても、先ほど述べた**グローバル化による、テキスト中への異言語の進出**が起きているということです。

ヨーロッパを舞台にした文学作品、あるいはヨーロッパ文明を扱う社会科学系の作品などでは、**現代ヨーロッパの諸言語**のみならず、**古典ギリシャ語**や**ラテン語**も頻繁に登場しますし、キリスト教関係の話題なら**ヘブライ語**、アラブ世界との関わりで

アラビア語も登場します。これだけなら以前も多少はあった現象かもしれませんが、**ヨーロッパやその周辺以外の言語**も現代では登場します。それは今やさほど特殊な状況ではなくなっているのです。

アメリカは多民族国家ですから、いろんな少数言語が話題に上る。アメリカ文学にはあやしげな中国人名、日本人名が登場し、**「○○系アメリカ人」**が出てくれば、その発音をどう表記するか、種々雑多な問題が発生します。韓国の小説にも、世界のさまざまな言語のハングル表記が現れます。

これらの諸言語の処理をどうするか、というのは現代の翻訳界（のみならず出版界全体）においては隠れた問題となっているのではないかと思います。

現に私が校閲を担当した書籍でも、さまざまな言語の調べをやりました。ここまでに挙げた以外の言語では、サンスクリット、ヒンディー語、マレー語、インドネシア語、マラーティー語、ベンガル語、ヴェトナム語、タイ語、ミャンマー語（ビルマ語）、広東語、福建語、上海語、アイヌ語、沖縄語、トルコ語、モンゴル語、ペルシャ語、アイスランド語、イディッシュ語、エストニア語、リトアニア語、ラトヴィア語、ウクライナ語、チェコ語、ポーランド語、ノルウェー語、デンマーク語、スウェーデン語、ハンガリー語、ゲール語、カタルーニャ語、現代ギリシャ語、コイネー（新約聖書ギリシャ語)、アフリカーンス、スワヒリ語、エジプト象形文字……思い出したものだけでも、こうやって書き出すと結構な数になっています。しかし、単語一つを調べた、というのも入っていますから、そんなに驚くことではないでしょう。歯が立たなければ、専門家に依頼するしかありません。

一番思い出に残っているのはフランスの作家ル・クレジオ作の『オニチャ』という作品を校閲したときに、アフリカ・ナイジェリアのイボ語(Igbo)の、「雨(オゾー = ozoo)」というのが出てきて、これは全くお手上げ。インターネットなどないころでしたから、辞書を持っていない言語はアウトです。そのくやしい記憶があったので、後日イボ語の辞書を見つけたとき、思わず買ってしまいました。しかし文法は知りませんから、今もただ本棚に眠っています(なお、イボ語のオゾーというのは、この辞書を見る限り、o zoo と書いて「雨が降る」という意味のようです)。

もう一つ、外国語問題を解決するときに重要なのは、**それを日本語のカタカナでどう表記するか、ということについて自分なりの指針を持つ**、ということです。耳で聞こえるとおりに表記する「表音主義」と、スペリングをカタカナに反映させる「文字転写主義」を、どのようなバランスで取り入れるか(時にはその折衷形《せっちゅうけい》も含めて)。

例えばロシア語のСпасибо!（ありがとう！）を、「スパシーバ！」と表記すれば表音主義的表記、「スパシーボ！」と書けば文字転写主義的表記です（ローマ字に転写すれば、Spasibo! となります）。

ロシア語のoは、アクセントがあれば「オ」、なければ「ア」と発音します。したがってДостоевский（ドストエフスキー、ローマ字転写 Dostoyevskiy）は表音的には「ダスタイェーフスキー」となります。文字転写なら「ドストイェヴスキィ」くらいの感じです。

どうでしょうか。「ありがとう！」は「スパシーバ！」、ドストエフスキーはやはり「ドストエフスキー」にしたいところですよね。そうすると、表記方法が混在してしまいますが、いいのでしょうか？

結論を言えば、それでよいのです。折衷主義は学問では問題があるかもしれませんが、一般書籍の世界では、原則論に走りすぎるとあまりいいことはありません。この場合、すでに定着している表記はそのままとし、よく耳にする常套句《じょうとうく》や会話文などは表音的に、またアクセント等判定しにくい要素があるときは文字転写的に処理するのが無難な解決でしょう。もちろん語学本や語学的解説などの場合は別ですけれども。

●外国語にまつわるその他の問題

これだけ長いこと校閲をやっていて、「語学系何でも屋」みたいなことをしていると、いろいろなタイプの外国語問題に突き当たります。以下、いくつか挙げてみましょう。

＊原書の中の外国語（本文の言語以外）のスペルがそもそも間違っていることがある

これは意外に多いケース。単純にスペルミスの場合もありますが、別の事情も絡んでいる場合があります。例えば英文の中にヴェトナム語が表記された場合。ヴェトナム語は、アルファベットに種々の補助的記号が付いて、別の音や声調を表わしたりします。簡単な例を挙げると、ヴェトナム語のĐ,đはdの音を、D,dはzの音（南ではyの音）を表わしますが、英文にこれが登場すると、活字の区別が面倒なのか、全てD,dで済ませてしまうことが多い。さらに母音に付く声調記号も無視されて、例えばđi（行く）とdì（叔母）がともにdiとなってしまい、区別が付かなくなったりするのです。他にも補助記号はいくつかあるので、実際にはもっと面倒なことになります。アメリカ人は別にそんなこと気にしていないのでしょうが（エンターテインメント小説ならまあいいとしても、ノンフィクションでは問題でしょう)。一体に、外国語チェックは、海外の出版物でも結構ゆるいことが多いのです。

その他にも、アルファベット以外の文字を使う言語が英文中に登場するとき、それらの言語の文字をアルファベットに転写する方式が定まっていないため、文中のアルファベットからもとの言語のスペルを逆に復原して辞書に当たるのに苦労します。

*「その言語は知らないが、現地で確かにそう発音していた」と著者に主張される場合

現地の体験記、旅行記、レポートなどで時に起きる問題。現地取材だから一番確実、と信じて疑わない著者が、自分の耳で聴き取ったカタカナ表記にこだわりすぎてしまうことがあります。無論、現地の発音をこちらは聴いたわけではありませんから、辞書的にはこういうことでしょうか、とお伺いを立てるわけですけれども。

自分で聴いたから確実、というのは半分真実です。けれども、例えば、日本の牛丼屋などで働いている外国人店員が、「どうもありがとうございました!」を、「ドーモアイアタイヤシター!」などと、耳にした通りの流暢(?)な日本語で話しているのを時に耳にします。もしあれを英文で、「Dohmo-aiataiyashitah!」(スペリングはいろんな形があると思います)と表記していたら、どうでしょうか。やっぱり、もうちょっと

辞書的な形に近づけたほうがいいのでは、と思う人も多いのではないでしょうか。

それに、日本人は日本語の音韻《おんいん》体系で音を整理する「日本語耳」で聴いていますから、やはり聴き取れない、あるいは音の解釈を間違う、という可能性もあるわけですし、やはり文法的な考察も考慮に入れた上での判断にしてもらえないか、と思うわけです。その言語を知っている人も読むでしょうしね。

＊あやふやなカタカナから、元の語形を推定しなければならない場合

一般的に言えることですが、カタカナから外国語の正確なスペルを再現することは難しいことが多いのです。「○○○○って、どういう意味ですか?」(○はカタカナを表わす)と気楽に聞かれるのですが、簡単な語ならともかく、見当のつかない語の場合、スペルの可能性がいくつも出てきて困ることがあります。これは各言語の音韻(同一音と解釈する範囲の分布)が違うためで、例えば「ラ」と表記してあってもlaだかraだか分からないという類の現象です。「タ」に対応する音は、韓国語で三種類、中国語で二種類、ヒンディー語で三種類存在します。逆に韓国語の가は「カ」「ガ」の両方の発音となる場合があり、中国語のga(拼音《ピンイン》=中国語発音用の記号、による)も「カ」に聞こえたり「ガ」に聞こえたりします。単語が長ければ組み合わせの可能性

はさらに増えます。単純な質問のつもりでも、調べるほうは四苦八苦、ということがあるのです。

＊アラビア語などの母音確定

元の言語のスペルが分かれば発音問題は解決、といかない場合もあります。アラビア語やヘブライ語などのように、基本的に母音を記さない表記法の言語は、母音を確定するのに苦労します。文法どおりに導き出せる語はいいのですが、人名などの固有名詞はお手上げ、ということがあるのです。むしろ英文中のアルファベット表記を頼りにせざるを得ないことも往々にしてあります。

アメリカの九・一一テロで有名になった故オサマ・ビン・ラディンは、ウサマ・ビン・ラーデン、ウサマ・ビンラーディン等々、綴りが一定しないのですが、アラビア語では、

أسامة بن لادن

と表記（もっと長いのですが、中間は省略）されます。

これをアルファベット転記すると、ʾsāmh bn lādnとなります（長母音āは表記される）。最初の語の末尾のhは発音しません。でもこれだけでは読み方が確定しないわ

けです。正則アラビア語（コーランの読み方を基準にした、人工的な共通語）の発音では、短母音は a,i,u の三種類しかありませんので、「オサマ」は標準的発音ではありません。出身地のサウジアラビア方言かもしれません。「ラーデン」も e が存在しないのでおかしい。正しくは「ウサーマ・ビン・ラーディン」のようです。

こんなややこしいこと、やってられませんよね。専門家に任せたいところです。

＊外国語をカタカナにするとき、著者が一部分の原則にこだわる場合

時に、カタカナ表記と原音の対照に異様に厳格な人がいます。フランス語の su の表記が「シュ」でなくて「スュ」でなくてはおかしい、「ソシュール」は駄目で「ソスュール」が正しいというふうな主張です。「シュルレアリスム」でなく「スュルレアリスム」と書け。

まあ、確かにそちらの方が原音に近いと言えばそうですけれども、そのレベルで表記していったら、同じフランス語の[ø]だとか[œ]といった微妙な母音はどう表記するのだ、というような問題が続出して、最終的には奇妙な表記になってしまうのが落ちでしょう。カタカナで発音を勉強するわけではなく、日本人が発音しやすい近似値に収める、というのがカタカナ表記の要諦でしょうから、やはりほどほどがよいのだ、

と思います。昔、ゲーテのことを「ギョエテ」と表記した人がいて、「ギョエテとは俺のことかとゲーテ言い」という川柳もあるくらいですが、実は音声学的には「ギョエテ」のほうが原音に近いのです。しかし、日本語における発音のしやすさを考えたら、「ゲーテ」で良いわけです。「ティ」という音のように、昔の日本人には発音できなかったものが、最近の日本人には発音しやすくなった、というような場合には、カタカナ表記も自然と変わるでしょう。

＊原書の奥付などから作者名の元のスペルをコピーして使おうとする場合

昔ロシア語の奥付から、翻訳本の奥付の著者名表記をそのまま持ってきたケースがありました。しかし、ロシア語本のその部分は、例えば「チェーホフの○○○」といったような、所有を表わす「生格」という変化形になっていて、本来はニュートラルな主格形に直さなくてはおかしいのです（Чехова→Чехов、のように）。原本からコピーしても駄目、という例です。格変化する言語は多いので注意が必要です。

＊昔と今で表記が変化している場合（地名など）

昔よく見た「バヴァリア」という地名は今では「バイエルン」であり、「ベニス」

も「ヴェネツィア」と書くことが多くなっています。このように、その国の原音に近い表記にいつの間にか移り変わっていることがあります。しかし「ブカレスト」はルーマニア語の「ブクレシュティ」とはならず、「リスボン」もポルトガル語の「リジュボア」とはなっていません。何が変わって、何が変わらないのか、その原則は何なのか、不思議です（二〇二二年のロシアのウクライナ侵攻の結果、ウクライナの地名がロシア語読みからウクライナ語読みに変更されたのは例外的に明確な例）。

＊編集者から日本語のタイトルの外国語ヴァージョンを作文せよと求められる場合

こういう無茶な要求が多いので、頭を悩ませています。単純な作文でも、外国語の場合は相当注意しないと珍妙なことになりかねないのです。海外で売っている日本語ロゴ入りのTシャツみたいな笑い話になりかねません。日本人にはその言語のニュアンスがいまひとつ表現しきれないし、外国人には元の日本語のニュアンスが汲みとれません。どちらかだけでもダメで、おそらく両方のチェック（しかも語学力の高い人の）を受けないと、商品の表面に出るような作文は危ない。

しかし現実には、日本語を英語翻訳ソフトにかけ、さらにその英文を、英語→フランス語の翻訳ソフトにかけて、「フランス語チェックお願いします」と持ってくるつい、い、わもの社員がいますからね。その悲惨な結果に頭を抱えるわけです。

＊資料的なものの翻訳を急がされる場合

これも時々あります。ちょっとしたものならまだいいのですが、外国語の古文献みたいなものやら、外国の役所の公文書みたいなものまで持って来られると、「専門家に頼んでくれ！」と言いたくなります。結局やらされるんですけれどね。

和訳Tシャツ

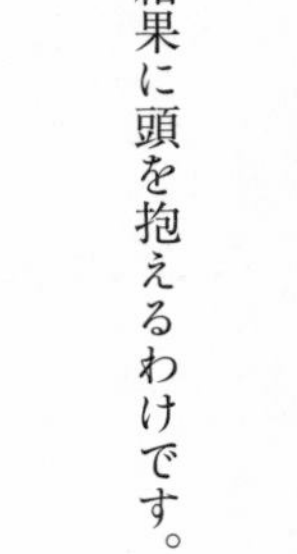

●校閲部の外国語資料

そんなに特別なものはありません。主要言語の辞書、寄贈による少数言語の簡単な辞書が若干、といったところでしょうか。最近は英語などは電子辞書やパソコン・スマホ内の辞書などを使う人が多くなり、書棚の前で外国語辞書と格闘している姿はあまり見なくなりました。

私個人は、私物の外国語辞書を持ってきて、机の中や近くの棚に置かせてもらい、用を足していました。皆が引ける「対費用効果」の高い資料でないと、公費で購入はしづらいのでそうしていたのです。引退の際に一部を自宅に持ち帰り、一部は部に寄贈しました。

校閲の仕事

赤字合わせ
（赤字引き合わせ）

訂正の赤字が入った初校（第1ヴァージョン）ゲラと、赤字を修正した再校（第2ヴァージョン）ゲラを重ねてパタパタとめくり合わせ、目の残像を利用して直っているかどうか点検。赤字が多い場合は原稿合わせのように照合。肩こりや腱鞘炎になることも。

◎「吾輩は猫である」クイズ③

（苦沙弥先生の姪、雪江さんが訪ねて来る。先生の奥さんとおしゃべり。苦沙弥先生が保険の勧誘を屁理屈《へりくつ》で撃退した話その他をしていると、吉原で壺を買ってきた先生が帰宅。雪江さんはそんな壺、吉原へ行かなくとも買えるのに、と言うが、先生はいや滅多にない品だと言い張る）


「叔父《おじ》さんは随分石地蔵《ずいぶんいしじぞう》ね」

「又小供《またこども》の癖《くせ》に生意気《なまいき》を云《い》う。どうもこの頃の女学生は口が悪《わ》るくっていかん。ちと女大学《おんなだいがく》（江戸時代の女性の修身《しゅうしん》の書）でも読むがいい」

「叔父さんは保険が嫌《きらい》でしょう。女学生と保険とどっちが嫌なの？」

「保険は嫌ではない。あれは必要なものだ。未来の考《かんがえ》のあるものは、誰でも這入《はい》る。女学生は（　　）の長物《ちょうぶつ》だ」

「（　　）の長物でもいい事よ。保険へ這入ってもいないい癖に」

「来月から這入る積《つもり》だ」

「きっと？」

「きっとだとも」
「およしなさいよ、保険なんか。それよりかその懸金《かけきん》で何か買った方がいいわ。ねえ、叔母《おば》さん」叔母さんはにやにや笑っている。主人は真面目になって
「お前などは百も二百も生きる気だから、そんな呑気《のんき》な事を云うのだが、もう少し理性が発達してみろ、保険の必要を感ずるに至《いた》るのは当前《あたりまえ》だ。是非《ぜひ》来月から這入るんだ」（以下略）

○（　　　　）内には同じ言葉が入ります。何という言葉でしょうか。

（答えは160ページ）

○解答

無用の長物

「無用の長物」（＝あっても役に立たないもの）とは、ひどいことを平然と言いますねえ、苦沙弥先生は。しかし、それに対してあわてず騒がず、「無用の長物でもいい事よ」とサラッと受け流す雪江さんは、さらに上手《うわて》です。全体に、先生の奥さんと言い雪江さんと言い、「猫」の女性陣はでんと構えていて、余計に苦沙弥先生の子どもっぽい頑固さが笑えるものになっていると思います。

◎**校閲の実例**（？が付いているものは疑問。そうでないものは訂正）

（ひっくり返り）

そこにはいさかさの迷いもない。

（句読点脱落）

彼はそう言った
　ところが、実際は……

（改行体裁の不揃い）

「いいよ」
　と彼女は答えたが、
「ほんとにそれでいいの？」
と聞かれると、自信がなくなるのだった。

一字下ゲル

（脱落）

やって来るともに　と

（過剰）

脛《すね》をしたたたか打ち付けた。　トル

（同音異義）

その大学を優秀な成績で、主席で卒業されました。　首

（表記の不揃い）

ご存知かどうか分りませんが、　か？

もしご存じでしたら、お分かりになる点をお教えください。

ソロエル？

（統一不要な場合）

どこで受け付けているのか聞いたら、受付のある場所を教えてくれた。

ママ〔そのままにしてください、の意〕

〔「受け付ける」と「受付」は統一不要〕

（数字表記の不揃い）

午前中に一一〇円だった株価が
午後には百円を割り込んだが

一〇〇？

（外来語　並字〔普通の大きさの字〕と小字の誤り）

シヨートゴロを華麗にさばいた。

〔小字（右寄り）にせよ、の意〕

フランスでパティシェの修業をした。

〔並字にせよ、の意〕

（外来語　表記の微妙な誤り）

この年デヴューを飾った。

ビ

（外来語　慣用的表記）

韓国で食べたビビンバはうまかった。

〔正確には「ピビムパプ」のようになるが、慣用なのでそのまま〕

（外国語の微妙な表記）

ヴェラスケス　ヴェルギリウス〔上からスペイン語、ラテン語の読み方〕

ベ　ウ

（似た字形の誤り）

創業者をまるで神様のように祟拝していた。

崇

（変換ミス）

一帯には高僧建築物が林立していた。

おおよその検討はつく。

どうぞ起こしください。

層　見当　お越

(新仮名と旧仮名の混在)

このやうな失敗をおかすとは想像もしてゐなかった。を

同じ過ちをくりかへさぬやうな方策を考へてみやう。よ

たうてい八十過ぎには見へない。え

(大きさが変わる)

例えば夏目漱石（一八六七〜一九一六）の作品を取り上げてみよう。**大きさソロエル？**

〔（　）の前後で字の大きさが変わっている〕

(表現の間違い)

このような不手際を犯し、ご迷惑をおかけいたしましたこと、誠に申し分ございません。訳

(内容の間違い)

太平洋戦争中の総理大臣、近衛文麿、東条英樹、小磯国昭らは…　トル　機

〔近衛文麿は戦前の首相〕

（改行にする）

○○様先日ご相談しました会議の日程について、…

（改行）

（行つなぐ）

いわばホップ、ステップ、

ジャンプという感じで飛躍的に伸びていった。

（一字アキ）

「どう？ 具合」

（全角アキ）

（ツメル）

毛沢 東

（頭ゾロエ）

次の各都県にて行なわれる。

東京
神奈川
静岡

第七章　その日本語、間違ってます?!

あんなに大変な仕事頑張ってたのに。
何か報われない職業だなあ。
…。
部長も慰めてたけど。
渋谷さん「オレ、この仕事やめたほうがいいかな」って言ってたらしい。
そんなこと何回もあったよ。私だって。
えっ、笹原さんも?

刷り直しが出るたびに校閲が辞めてたら腕のある校閲なんかどこにもいなくなる。
仕事なんて失敗して覚えるもんだ。何でも同じだよ。
ま、そのうち立ち直るな。
ですね。
きっと。

でもちょっと心配よね。
うん。
そんなの大した事じゃないスよ。つまんないこと考えないで
こういう時はパーッと飲みましょう、パーッと!!
救う神?
ちょっと吉野くん!
いましたね。神様が。

第七章　その日本語、間違ってます!?

マンガの中ではちょっと問題が起きたようですね。でもこれはどんな仕事でも起きること。しばらく成り行きを見ていましょう。

さて、ここからは、校閲者の目から見た、さまざまな日本語の現象を列挙してみましょう。そういう現象が起きた理由の解釈などを添えて。

読者の中には、「そうかなあ。その解釈は違うんじゃないの」と思う人もいるでしょう。しかし、そのように自分で考えてみることが、言葉の問題では必要なのだと思います。**どこかの偉い先生が正解を全て知っている、なんてことは幻想でしょう。**あなたなりの日本語論を組み立ててください。

まずは、「言い間違い・書き間違いに見る日本語」。

一回限りの言い間違い、書き間違い。「ほんのちょっとした間違いの揚げ足取りをするのか?」と言われそうですが、そうではなくて、その間違いが生まれた背景を考えると、日本語のいろいろな問題が透けて見えてくるのです。

こんな例が挙がっています。

＊「病人はタンカーで運ばれた」

テレビ局のテロップを校正したことのある人から聞いた例。信じられない思いがしますが、これを書いた人は、TANKAという語が「担架」と漢字を当てられる日本語だ、と認識していなかったのではないかと思われます。語尾の部分を伸ばせば英語っぽいし、カタカナで書くのだと独り決めしていたのでしょう。船の「タンカー」も意識していなかった可能性があります。英語の「ストレッチャー(stretcher)」も、もしかすると知らなかったのでは。外来語が増えてくると、そもそも漢字で記される語なのかどうかも怪しくなるケースが増えるということだと思います。

＊(ユズの黄色い実を見て)「きれいなレモン色ですね」

間違いだ、とは言えません。言えませんが、こうまで状況を無視した使い方はなかなかできるものではありません。某テレビ局の園芸番組でのワンシーン。アナウンサーにこう言われた園芸家は無言だったそうです。

なぜ違和感があるのか。それは「レモン色」という語が、まだ日本語の中でこなれきっていなくて、「茶色」とか「水色」のようなニュートラルな色彩用語、というよりも、「鮮明に描写する表現」的な力を持っているからだと思います。しかも、同じ柑橘類であるユズの実を描写するのに使った。言葉や文法が間違っていたのではなく、使う場所を間違ったのです。

〈病人はタンカーで…〉
ドバイで
養生
するんだよー。

＊「仏さんがあがったぜ」

さるアメリカの小説の翻訳で出てきたという報告例。川かどこかを浚《さら》っていて、被害者の死体が見つかったという場面でしょう。

キリスト教社会でこの表現はよろしいでしょうか、と疑問に出すのは野暮かなとも思いますが、やはり違和感は否めません。恐る恐る訳者に訊くでしょうね、私も。「超訳」というのが一時流行《はや》りましたが、その中でもこの類の訳を見た覚えがあります。いくらこなれていても、こういう翻訳で読みたくはないなと思います。

＊カルガモの写真につけられたキャプション「カモ」

ほとんど不要、というよりないほうがいいようなキャプション。大雑把にも程がある、というものでしょう。どこでもらったのか忘れましたが、本の栞《しおり》にこのキャプションがありました。キャプションというものが、写真や図版の、「見ても分からない」部分を補足説明するものだ、ということが忘れ去られています。

＊「ペンギンは我々をあざ笑うかのように消えていきました」

「我々を」だったか「岸にいる人たちを」だったか、正確な文言ははっきりしませんが、とにかく水族園から逃げ出したペンギンが東京湾に出没、それを扱ったニュースでアナウンサーがこう表現したのを耳にしました。

国語の間違いの問題ではありませんが、こういう例は現代日本語の語彙《ごい》や表現の問題をあぶり出していて面白い。「あざ笑うかのように」ではなくて「からかうように」とでも表現すればよかったのでしょうか。可愛い生き物が、まるで岸にいる人たちをからかい、戯《たわむ》れるようにして去って行く様を、どう表現するのが適当か。考えると意外に難しいのです。それとも、アナウンサー（それともアナウンス原稿の書き手か）は、本当にペンギンを意地の悪い生き物と認識していたのでしょうか。謎です。

＊「回答者の読み方が真っ向に分かれていたことから、……」

「真っ二つに」と言いたかったのでしょう。「真っ向」は「正面」という意味ですから、「正面に分かれている」という意味不明の文脈になります。まあ、剣豪が真っ向から切れば相手は真っ二つになりますから、イメージとしてつながってしまうのは仕方ないかもしれませんね。ただし、この新聞記事が国語の問題を扱ったものでなかったら、の話ですが。

＊「余生を振り返る」

さる小説の帯（カバーの上に巻く、細長い宣伝用の帯紙。通称「腰巻」）用に書かれたコピー原稿にあった表現。一瞬、ＯＫを出してしまいそうですが、「余生」は、老後に残された人生のことですから、これを振り返るのはちょっと難しいでしょう。あの世に行ってからでないと。余生において「人生を振り返る」「来し方を振り返る」というのが無難な言い方だと思います。このコピー、もちろん訂正されました。

＊「専門家の方をご用意いたしました」

これもある女性アナウンサーが発した言葉。専門家が品物のようにご用意されてしまっている。どう言うべきだったのでしょうか。「専門家の方をお呼びしてあります」「専門家の方にいらしていただきました」とでも言えばいいのでしょうか。いずれにしても、話しかける相手のみならず、専門家のほうにも敬意を含んだ物言いをしなくてはならないのに、相手にだけ敬意を表してしまい、専門家のほうは置き去りにされてしまった格好。さぞかし苦笑いしていたことでしょう。

＊「欠かさざるを得ない手段」

さるテレビ番組のインタビューで耳にした表現。全く不必要な手段、という意味で言ったのではなく、必要不可欠な手段、という文脈でした。でも、思わず口にしてしまいそうな言い方です。「欠くべからざる手段」と「取らざるを得ない手段」との混合と思われます。私たちは日常語の中で、否定語が入った複雑な表現を正確に使い分けるのがどうも苦手なのではないでしょうか。私たちの頭は全て論理学で動いているわけではない、ということでしょう。

学校で習う英文法に「二重否定は誤り」というのがあります。「私には誰も見えない」を、I don't see nobody. というのは間違いで、I see nobody. とか、I don't see anybody. とか言わなくてはいけない、と習う。

しかし、口語では I don't see nobody. とも言うし、そういう表現をする言語もたくさんあります。否定が重なると否定を強調したことになる、と感じている。必ずしも「否定を否定している」と論理的に考えたりしないのです。

「欠かさざるを得ない手段」も、「**欠かさ**ない」と「取ら**ざるを得ない**」という、二つとも必要不可欠さを強調した表現の合体形、と感覚的に捉えて、思わず口をついて出たのでしょう。ちょっと同情したくなる（自分も言いかねない）間違いだ、と思います。

＊「手練《てだ》れの職人」

これもテレビのナレーションで耳にした表現。ある料亭の建物についての解説で、「手練れの職人による」建築だ、と言っていました。

私はこの表現が気になったので、辞書で調べてみました。

まず『日本国語大辞典』。「手練れ」は「てたれ」とも言い、「てだり（手足）」の変化した語、と説明があります。その「てだり」の語義として、「技芸などのすぐれていること。腕まえがすぐれていること。腕きき。手きき。手だれ。」と記されています。なるほど、「腕ききの職人」なら意味も通るし違和感もない。いいのかな、と思いましたが、念のためです。ほかの辞書も見ることにしました。

『角川古語大辞典』。「てだり」に、二つ語義が挙げられています。①技芸に優れているること。優れた腕前。また、その人。和歌・連歌に関しては、特に技巧に優れた者をいい、軍記物などでは、武芸に熟達した者をいう。②近世の用法。遊里の遊びに老練な者。遊ぶ男にも、それを相手とする女にもいう。

和歌・連歌と武芸に限った用法のようにも読めます。遊里の遊びについては、ここでは考えなくてもよいでしょう。また、「てだれ」の項に、「近世では、武芸に限らずさまざまの達者をいう。」とありますが、職人技にはっきり関わる例文はありません。

さて、困りました。職人の技量に使える表現なのかどうか、雲行きが怪しくなってきました。

『江戸時代語辞典』（角川学芸出版）では、遊里に関する語義のみ。『江戸語大辞典』（講談社）では「てだれもの」としてやはり「客扱いの上手な者。」とあり、江戸時代ではむしろこちらの語義が主流だったようです。

戦前の『大言海』では、「技倆、芸術ナドノ秀デタルコト。腕前ノスグレテ居ルコト。テキキ。ウデキキ。」とあり、『大辞典』でも同様の説明でした。ただし例文は全て和歌・連歌や武芸に関するものばかりです。

現代文の例では唯一『日本国語大辞典』の用例中に、文芸評論家・平野謙の『島崎藤村』中の文例、「宇野浩二が〈略〉実作者として手だれのふるつわものであることは、誰でも知っている」という文章がありましたが、宇野浩二は小説家ですから、これも文芸に関する腕前を述べているわけで、従来の用法から大きく逸脱しているわけではない。

というわけで、この「手練れの職人」という用法が適切かどうか、やや疑問が残っ

手練れの職人

たままになります。「絶対にその用法は存在しない」という証明は不可能ですから、もしゲラにこの表現が出てきたら、「和歌や武芸などで主に使う表現のようですが、よろしいですか?」という聞き方をすることになりそうです。意図的にこの表現を使う、という作者でしたら、それでもこれで行く、という返事が来るでしょうし、そうでなければ、他の適切な表現に変えてくるでしょう。

私個人は、この表現を聞くと、剣豪のような凄《すご》みを持つ職人が頭に浮かぶのですけれど。

＊「圧倒的な映像でお送りする～」

これは一回限りの言い間違いではないかもしれません。一般的になった言い方かもしれないし、あるいはそうなろうとしている途上の表現かもしれない。NHKで聞いたので、正しいということになっている可能性もあります。

しかし、ひっかかるんですよね、この言い方。「圧倒的な迫力の映像で」を略したものでしょうか。「圧倒的な音声」とか「圧倒的な色彩」というふうに置き換えると、いったいどういう点が「圧倒的」なのかはっきりしない、という感じがお分かりいただけるでしょうか。圧倒的というのは、別々のものの性質を比較した上で、一方がはるかに優っているときに使うのだと考えられます。その比較する性質が次の語で示されるか暗示されないと、落ち着かないのです。

「圧倒的」の語義として、「圧倒的な迫力を持つ」という説明が辞書に載る日も近いのかもしれません。

＊「犯罪を犯す」「流言が流れる」「魂を鎮魂する」――「馬から落馬」式の表現

これは意味がダブっているから間違い、というのが常識的解釈です。

しかし、例えば「被害を被《こうむ》る」はどうでしょうか。テレビドラマで、「『後《あと》から後悔する』は間違いだ」といった主旨の台詞を耳にしました。確かに冗長ではあります。そうなると「予《あらかじ》め予測する」というのもダメ、ということになりますね。

しかし、そんなに重複はいけないことなのでしょうか。同一の言語情報はたった一回だけしか発言中に入れてはいけない、という厳密な規則でもあるのでしょうか。何か自然言語の生理に反するような気がしてしまうのですが。人間の頭は論理だけで成り立っているわけではなく、二度言うことで強調したり、意味を念押ししたりということもあるのではないでしょうか。

かと言って「馬から落馬」がＯＫか、と問われれば、やはり頷くわけにもいきません。しかし同一情報のダブリは絶対にNO、という原理主義もどうもなあ、というのが正直な感想です。校閲者で、この点に非常にこだわる方もいますので、大変難しい問題です。小説などでこの種の重複があった場合はケース・バイ・ケースで、論理的にしてしまうと文章を殺してしまう、と判断した場合は疑問としない場合もあります。ただしこれは私個人に限定した話ですが。

＊「島流しに処された」

これは同僚から聞いた、仕事中に目にした表現の例。是非とも疑問にしなければならないほどの違和感ではないが、何かちょっと引っかかる、という種類の表現です。「別におかしくはないだろう」と思われる方も多いでしょう。

意味は全くおかしくないのです。

ただ、「島流し」という世間一般でのやや軽い言い回し（正式の罪名はおそらく「遠《えん》島《とう》」。「流罪」は、島以外への追放も含むもう少し広い概念）と、「〜に処する」という若干硬い表現が、微妙にしっくりこないという感じなのだと思います。

「遠島に処する」あるいは「島流しにする」なら、頭と尻尾の重さが釣り合って落ち着くのですが、どうも気にかかる。そんな感覚でしょう。「島流しの刑に処する」だと、やや冗長になります。

こういうものは困ります。なにしろ意味的には問題ないわけで、その違和感は自分独りの勝手な思い込みかもしれません。辞書でもはっきり確認できません。前後の文脈、その作家の言葉遣いの特徴、その他を総合的に勘案して疑問にするかどうか決めることになるでしょう。

校閲者というものは、こんな、世間から見たらどうでもいいと言われかねないことに思い悩む職業でもあるわけです。

送別会
漢字博士の笹原さんともお別れです。
本当にお世話になりました。
皆さんもお元気で。
すごくお世話になったのに
もうお別れだなんて
人生でいちばん悲しい!
たった3カ月目なのに。

◎4コマ名詩クイズ

上のような別れを歌った名漢詩の一節です。

「花発《ひら》けば風雨多し、人生、別離足る」

これを井伏鱒二が訳した名訳。

「ハナニアラシノタトヘモアルゾ。『　』ダケガ人生ダ。」

（「花に嵐の譬《たと》えもあるぞ。『　』だけが人生だ。」）

『　』内を埋めましょう。

（答えは188ページ）

○解答

サヨナラ

ハナニアラシノタトヘモアルゾ　「サヨナラ」ダケガ人生ダ
（花に嵐の譬えもあるぞ　「さよなら」だけが人生だ）

花が咲けば風が吹き、花は散ってしまう。人生と同じだ。楽しく時を過ごしても、明日はもう別れ別れだ。再会することもないかもしれない。友よせめて今は杯を重ねようではないか。

人生の無常を、中国の詩人・于武陵《うぶりょう》は五言絶句に詠《うた》い、日本の井伏鱒二はそれを間然する所のない名訳に仕立て上げました。左にそれを示します。

勧酒

勧君金屈卮　　コノサカヅキヲ受ケテクレ　　（この杯を受けてくれ）

満酌不須辞　ドウゾナミナミツガシテオクレ　（どうぞなみなみ注がしておくれ）
花発多風雨　ハナニアラシノタトヘモアルゾ　（花に嵐の譬えもあるぞ）
人生足別離　「サヨナラ」ダケガ人生ダ　（「さよなら」だけが人生だ）

第八章　その日本語、ヨロシイ?!

あ　ありがとう。
渋谷さん元気になったみたいね。
そうですね。
吉野さんに連れられて
飲みに行ったら部長と一緒になったらしい。

珍しくバーに入ったら
部長がいたんだって。
おお
どうした。
部長の行きつけの
店らしいよ。
いらっしゃい。
美人の
ママさんがいて
三人で
飲んで

部長の
仕事哲学も
聞けたし
よかったって
言ってたわ。
やっぱり
部長の
いいか
年の功
ですね。
何が年の功かな。
わ!!
聞いて
ました?
じゃ
私戻るわ。
わ
早田さん。
見捨て
ないで!

どうしたの?
あコウタくん。救世主。
おいおい。別に
怒っちゃいないよ。
入社半年の二人を食事に誘おうと思っただけなのに。
行きます!!

第八章　その日本語、ヨロシイ?!

エッコさん、「亀の甲より年の功」って、本来はほめ言葉ですよ。そんなにあせらなくてもいいんじゃないですか?　長年の経験によって積んだ、年長者の知恵をほめたたえるこの言葉が、「年をとるのは悪いこと」という近年の風潮で、悪口と受け取られるようになる。時代の移り変わりで、言葉の意味や形は変化します。

さてここでは、「一回限りの言い間違い・書き間違い」ではなく、よく目にしたり耳にしたりする「気になる表現」のあれこれについて考えてみます。時代による言葉の変化をどう受け止めるか。校閲者として、その表現にどう対処するか、考えてみましょう。

＊甲子園の初戦、対戦相手の強豪校に名前負けすることなく善戦した。

「名前負け」というのは、名前が立派すぎて自分自身が見劣りしてしまうことを意味します。相手の名前に圧倒されることではありません。

「先代の名を襲名したが、どう見ても名前負けしている」などという使い方をします。この表現を目にしたら、校閲としては、やはり疑問を提出するでしょうね。

＊声を荒げて反論した。

頻繁に現れる表現。「荒《あら》らげる」を略した語なんですけれども、今はこちらのほうが一般的になってしまったようです。文語調のものや論理的な文章なら一応指摘しますが、気軽な読み物でしたらあえて指摘はしないと思います。

＊享年八十歳

「享年」とは「この世に享《う》けた年数」という意味で、人が死亡した際の叙述によく使われます。

「享年八十歳」だと「年」と「歳」がダブるので、「享年八十」とすべきだという説もありますが、辞書表記では「歳」のある形も容認されています（『広辞苑』第七版、『三省堂国語辞典』第八版、および『新明解国語辞典』第八版。また言葉の結合例を載せた『てにをは辞典』〔三省堂〕でも「享年八十」「享年八十歳」の両例が示されています）。重複表現にあまり神経質にならなくてもよいでしょう。

なお、この表現は、「……で没した。享年八十（歳）」のように、最後に付け加える形が一般的な用法かと思われます。仮に、**「享年八十歳で没した」**（これは文章ではなく、身近で耳にした例ですが）などと書いてあったらどうするか。このあたりは校閲者として疑問にすべきかどうか慎重にしたいところです。いくつか辞書を調べましたが、こういう言い回しの例はありませんでした。しかし絶対にそう言わない、という証明もできません。そもそも「それは存在しない」とか「無い」という証明は不可能なのです。あらゆる文献を見た後でなければ言えないわけですから。

逆にそういう言い方は「存在する」「有る」という証明は簡単です。信頼できる実例を一つ見つけさえすればよいのです。「享年」についても、死亡時の叙述でなく、生きているときの年齢を指す例は存在します。『日本国語大辞典』の「享年」の項に、「是日立春、余既享年四十九」（この日は立春で、私はすでに享年四十九である）〔碧山日録《へきざんにちろく》〕という例があり、この一例でその用法の「存在」は証明できるわけです。

さて仮に「享年八十歳で没した」と書いてあったら疑問を提出するかどうか。この言い回しでなければ成立しない文脈ならあえて提出しないという考えもあるでしょうが、私としてはやはり、「こういうふうに、最後に付け加えて表現するのが通例かと思いますが、いかがでしょうか？　あるいは単に『八十歳で没した』ではどうでしょうか？」と躊躇《ためら》いつつも訊くことでしょう。校閲者は国語学者ではありませんから、表現のヴァリエーションについて、「これは正しい」とか「間違っている」とか、断定的に言うことは避けるようにしています。

＊チゲーよ！

よく耳にするセリフ。しかしどこか違和感があります。それは何か。

そこには、形容詞になりたがっている動詞「ちがう」の、独特の振る舞いが隠れていると思われます。まず、「チゲーよ」＝「ちげえよ」を標準語にするとどうなるか。「違うよ」だと、普通考えますよね。しかしちょっと変です。音声記号で示すなら[ʧigeːjo]の[eː]は、普通[ai]の音変化として現れるので、本来の形は[ʧigaijo]（「ちがいよ」）になるはずです。

それは、「ちげえよ」の「げ」を「け」に直せば、「ちけえよ」（近《ちけ》えよ）になり、元の形が「ちかいよ」であることで納得してもらえるでしょう。同様に、「うるさいよ」→「うるせえよ」、「でかいよ」→「でけえよ」などと[ai]→[eː]に変化するのが普通です。「ちがう」の[au]が[eː]になるのは破格です。

なぜこういうことになるか。それは動詞である「ちがう」が、形容詞「ちかい」と同じように形容詞として振る舞いたがっているからだ、と考えられます。

その証拠に、子どもが誤って「ちがかった」「ちがくない」（「ちがくねえ?」は大人も使うことがある）という表現を発することがあるのを見ても分かります。これらの「が」を「か」に変えれば、「ちかかった」「ちかくない」「ちかくねえ?」と、立派に正しい形になるからです（ただしアクセントは「ちがくない」のアクセントから見て、「ちかい」ではなく、「おもい」と同じグループになるでしょう＝傍点は抑揚《よくよう》が上がる部分）。

しかし、終止形を「ちがい」とすると、「差異」を意味する名詞「違い」とまったく同形・同アクセントになります。これは日本語としては許されません。私たちも「ちがい」が、英語のdifferenceとdifferentの両方を意味するということは容認できません。

かくして、形容詞になりたかった動詞「ちがう」の野望は、あえなく潰《つい》えることになるのです。おそらく将来形容詞となる可能性も低いでしょう。時々、「ちげえよ」「ちがくねえ?」という、痙攣《けいれん》のような反抗を示しつつ。

どうして形容詞になりたがるのか、英語の影響なのか、それとも意味論的に理由があるのか、そこのところはよく分かりませんけれども。

＊踏み切りへの「人立ち入り」――鉄道会社による「名詞化」

「お客様転落」、「荷物挟まり」。こんな表現を電車の中で聞いたことはありませんか？　このごろ鉄道業界では奇妙な「名詞化」現象が進行しているように感じます。

踏み切りに「人が立ち入りましたので」安全確認のためこの列車はしばらく停車いたします、というふうに最初は説明していたように思うのですが、いつの間にか、「踏み切りへの人立ち入りにより」停車する、というように変化してきました。

動詞を使って状況描写をする代わりに、その動詞を名詞化して、さも「よくある現象だ」という印象を与えようとしているように感じるのは私だけでしょうか。

元来、専門用語には動詞を名詞化した言葉が多いと思います。それは、その狭い専門領域ではよく起きる事象なので、専門家同士いちいち状況描写などしなくても、「ああ、例のあれね」という感じで話を進めるために名詞化するのだと考えられます。

我々校閲者も、「赤字合わせ」だとか「素読み」だとか、その類の用語を口にします。職人言葉にも多いし、株式用語の「利食い」だとか「空売り」だとか、いかにもその行為や現象に慣れっこになった「通」の会話、といった雰囲気を醸し出すことが多い。

さて、その名詞化を、鉄道会社はなぜ多用するようになったのでしょうか。

おそらく、近年の安全運行重視化と、待たされる利用客のための早急な情報伝達の必要性から起きてきたことではないでしょうか。些細に思われる異変・故障でもとにかく列車を止めて安全確認（それ自体は良い）。しかしその説明には、「こんなことはよくあること。だって名詞化されるほど当たり前の現象ですからね」というニュアンスを漂わせる。ついでに、点検不足も一因ではないかと思われる「ドア故障」やら「踏み切り故障」まで、自然発生的に起きたかのようなアナウンスをする。安全確認はもちろん最優先で結構ですが、全て自分たちに責任はない、といった雰囲気が漂うのがちょっと気になります。

滅多に起きない事象では、さすがに描写に戻るようで、聞いた話によると痺れを切らして線路上を歩き始めた乗客を摑まえて車内に戻したのを、「お客様を捕獲しました」と説明するアナウンスがあり、車内は爆笑したということです。これをさすがに「お客様捕獲」とは表現しなかったようですね。

あんまりこんなアナウンスばかりで、電車が動かなければ、いまに「お客様苛立ち」が爆発しないかと心配になります。

＊「〜なのかな」——自信がないように見られたい

はっきり自分でそうだと思っているのに、「〜なのかな、と思います」という発言

君のことが
好きなのかな、なんて
思ってるんだ。
もしかしたら
好きなのかも。
ハッキリせえや!!

をする人が大変多い。また、「～なのかな」を使わずに語尾のイントネーションだけ上げて、自信なさげなニュアンスで話すのもよく耳にします。これは他人の批判を防御することが前面に出ている、きわめて今日的な表現なのではないでしょうか。これを得意満面の表情で言われると、かえって厭味《いやみ》に感じてしまいますが、こういうことを言うからますます防御的になるわけでしょう。自戒しなくてはいけませんね。

あるレポーターが東京スカイツリーの展望室に入って「これって気持ちいいかも」と言っていたのを聞いて、もはや自己防御が習い性となって、独り言（テレビだから純粋の独り言ではないかもしれませんが）ですら断定を避けるようになっているのか、と驚きました。現代って、あんまりいい時代ではないのかも。

＊パンツの変遷

ファッション用語の変遷は目まぐるしく、「ズボン」と言っていたものが「パンツ」になり、「パンツ」と呼んでいた下着と紛らわしくなりました（下着のことも今は「インナー」とか言うらしい）。女性物の名称はもっとややこしくて、私には説明できません。確か昔は「ズロース」なんていう名称もありましたっけ。

アパレル業界はシーズンごとに服が売れてくれないと困るので、次々と新しい呼称を考え出して差別化するのだろうけれど、言葉の世界から言うと、ちょっと問題です。

ここで少し古い小説を引き合いに出します。井伏鱒二の「本日休診」という小説です。昭和二十四年から二十五年にかけて書かれたもので、戦後間もない東京・蒲田の小さな産婦人科医院を舞台にした小説ですが、この中で主人公の老医師・三雲八春《はっしゅん》先生が、さる若い娘を診察しようとして下着を脱ぐよう言う場面があります。

準備が出来た。
「では、診察。パンツとって」
「いやです」と、娘は意外にもはっきりと云った。（「本日休診」引用の前後は略）
この本（『遙拝《ようはい》隊長・本日休診』新潮文庫・絶版）の解説文を書いた上林暁氏の御宅をある女性客が訪れて、「本日休診」のその箇所の話になり（以下解説文より引用）、
……そこのところに言い及んで、「井伏先生がパンツと書いているのは、ズロースの間違いではないでしょうか」と大いに得意になって、作者の誤謬《ごびゅう》を衝いた。私は頼まれて、そのことを井伏氏に伝えた。「あれはわざと間違えて、八春先生に言わせたんだ」と、井伏氏は笑って答えた。井伏氏の説明するところによると、パンツとズロースの区別も知らない旧弊《きゅうへい》な人間であることを示すためなのであった。
（以下略）
昭和二十年代に井伏鱒二が人物描写に用いた、この微妙な表現は、今日では理解するのが難しくなっているのだろうなと感じます。

服装に関しては、時代とともにいろいろな名称が流行りました。「パンタロン」「ミディ」「マキシ」「ホットパンツ」……「パンタロン」というのは、フランス語で「ズボン、スラックス」の意味なので、原語を知っていても意味を摑みかねるということになっています（日本語としては、かつて流行した、裾広の女性用スラックスを指す死語です）。最近では「スパッツ」が「レギンス」と名前を変えたそうです（何のことか分からないうちに変わっている）し、男性用下着の「ランニング」は「タンクトップ」となって、女性物と名称が合流しました。本当にファッション用語は猫の目のようです。すぐ古びてしまうので、小説に書くのは少しためらわれるのではないでしょうか。

＊「〜と確信しているよ」――押し付けがましい表現あれこれ

海外ニュースなどでよく聞かれる表現。もとはI'm sure〜. とか何とか言っているのでしょうね。でもこの表現、自分の希望や要求を押し付けがましく表明している場合によく用いられるようです。政治家などがこれを使っていたら、「そうしろよ」と言っているのとほぼイコールだと思っていいでしょう。

「日本がこの提案を受け入れてくれるものと確信しているよ」などと使います。

同じく海外物で多用されるのが**「驚くべき〜」**という言葉。大して驚くべきでもない事柄を大げさにアピールする場合に使うことが多い。「なんとそこには驚くべき秘密が！」などと言ったら、大概はどうでもいいような秘密だったりするわけです。

「〜は言うまでもない」も、使い方によっては意外と押し付けがましくなると思います。一つ一つ議論に乗せることもせず、こっちが通ったからついでにあっちも、という強引な結論付けをするときや、「こんなことは当然皆さん知っているでしょう」というう、ちょっとマウンティング（優位性誇示）的な態度を示すときに使うこともあり、そんなケースに出会ったらちょっと立ち止まって考えたほうがいいでしょう。

最後に、雑誌の見出しなどで、**「なぜ今〜なのか」**というのがありますが、あれも一方的ですね。元来は、「なぜ今〜を再認識しなくてはいけないのか」というような意味で使い始めたのだと思いますが、いつの間にか「なぜ今〜が再ブームなのか」「なぜ今〜が流行りなのか」というニュアンスで使われていることが多いように思われます。そうではないとしても、この具体的描写のない、どうとでも意味の取れる表現を看板にすること自体が誠実さを欠いています。昔流行った「今〜の時代だ」と同じ匂いを感じる、きわめて大衆操作的な表現でしょう。

＊「〜史上最高の」——スケールの小さい世界観

このごろ「○○屋史上最高の〜」とか「自分史上最高の〜」などという言い回しをTVコマーシャルで耳にしますが、「史」という字を持ち出すのに、ちょっとスケールが小さすぎはしませんか？　まあ「自分史」という自費出版のジャンルもあるし、企業には「社史」もある。どこがおかしいのか、と言われれば引き下がるしかないのでしょうが、「〜史上最高の」とまで言われると、やはり他人事ながら恥ずかしい気持ちがしてなりません。やはり、そういうものはつつましく掲げるのが人や組織としての嗜み、というものでしょう。

＊「だから！」——自分は絶対！

自分の説明を人が理解していない、と感じたときに現代人はよくこう発言します。威圧的な言い方で、その方法やそれについての説明が適切かどうか、という議論は抜きに、「お前は馬鹿だ！」と言っているに等しい。イライラしているときに口にしがちです。自分の意見は絶対だ、という響きのある言い方なので気をつけたほうがいいでしょう。

＊「○○る」（○○＝人名）——流行していない流行語

話題の人名に「〜る」を付けて、その人と同じような特徴の行動をすることを示す言葉が、「今この言葉が流行っている」かのように報道されることがありますが、寡聞にして私は、そのような言葉を実際の会話に用いている現場に出くわしたことがありません。本当に使っているのでしょうか。

古くは「江川る」（元巨人の投手・江川卓氏の巨人入団の経緯から、当時このような言葉が「流行った」とされた）から、二〇一一年の東日本大震災時に官房長官・民主党の枝野幸男氏の不眠不休の働き方から発生した「枝《えだ》る」まで、どうもこれは、ジャーナリズムの「格好のネタ」として便利に使われているだけで、流行しているかどうかきわめて怪しい表現だ、と思われてなりません。本当に流行しているなら、一度くらい実際に耳にするはずなのですが。「流行語大賞」の候補になるのはどうかなあ、と思います。

＊「癒し」「想い」——気持ち悪い表現

最初は微妙なニュアンスを表わす表現だったものが、じきに手垢にまみれて陳腐化し、気持ち悪ささえ帯びてくるという、流行語の宿命を負ったような代表例。しかもこれが日本語の基礎語彙であるために、捨て去るわけにもいきません。「癒し」という言葉を、純文学の作品で使っているのを読んだとき、新鮮で繊細な感じを受けましたが、このごろ一般に「癒し系」などと言っているのを聞くと、意味内容が変化して、軽くなってしまったなと思います。

「想い」も、さる政治家がそれを口にするのを聞いたときに初めて意識した言葉ですが、その人の長年の理想や故郷への愛情が感じられて悪い感じはしなかった記憶があります。しかしその後あまりにも安易かつ頻繁に使われ続け、今ではなにか嘘くさい響きすら感じてしまう、不運な言葉になってしまいました。

これらは大切な基礎語彙です。しばらく休ませてリハビリさせるしかないでしょう。

＊サクサク進む

定着しつつある擬態語の新用法。

もともと「サクサク」といえば、食べ物（脆《もろ》い質感の）を食べるときや、新雪を踏みしめるときの擬音として使っていたものですが、近来、ＯＡ機器の動作がきわめて順調な状態を表現する語として使われ、一般的になりつつあります。麻雀用語だった、という説もあるとか。

これを昔の言い方で言うとどうなるか、と考えて、なかなかピタリと来る表現が見つからないことに気づきました。「どんどん進む」「順調に進む」「手際よく進む」……どれも少しずつニュアンスが違います。パソコンなどの動作が思うに任せないフラストレーションが前提としてあって、初めて広まり得た表現なのでしょう。言葉は生き物、です。

＊エモい

このごろよく聞きますね、この言葉。音楽ジャンルのEmo（エモ＝エモーショナル・ハードコア）が語源（『三省堂国語辞典』第八版）だそうですが、それはさておき。「エモい」は、感情が揺さぶられ、いわく言い難い「素敵な気持ち」になった状態を形容する言葉、とのこと。分かると言えば分かるし、捉えがたいと言えば捉えがたい。古語の「あはれなり」の意味に似ている、と先の辞書の解説にもあります。ただ私のような年配者から言うと、漠然としているぶん、使いづらい。しかし一度使ったら便利で、何でもかんでも「エモい」で済ませてしまいそうでちょっと怖いのです。人の話を理解するために心得ておく必要はあるでしょうが、この言葉が（例えば「ダサい」のように）定着するかどうかは、これからの問題でしょう。

◎「吾輩は猫である」クイズ④

（苦沙弥先生の家へ、もと書生《しょせい》で今は会社員の多々良三平《たたらさんぺい》君が訪れる。先生の家は泥棒が入った直後で、多々良君が贈った山の芋《いも》まで盗られていた。多々良君は苦沙弥先生の奥さんと話している）

「（中略）然《しか》し本《ほん》の事、泥棒は飛んだ災難でしたな。山の芋ばかり持って行《いっ》たのですか」

「山の芋ばかりなら困りゃしませんが、不断着《ふだんぎ》をみんな取って行きました」

「早速《さっそく》困りますか。又《また》借金をしなければならんですか。この猫が犬ならよかったに――惜しい事をしたなあ。奥さん犬の大《ふと》か奴《やつ》を是非《ぜひ》一丁《いっちょう》飼いなさい。――猫は駄目《だめ》ですばい、飯《めし》を食うばかりで――ちっとは鼠《ねずみ》でも捕《と》りますか」

「一匹もとった事はありません。本当に横着《おうちゃく》な図々《ずうずう》しい猫ですよ」

「いやそりゃ、どうもこうもならん。早々《そうそう》棄てなさい。私が貰《もら》って行って（　　）食おうかしらん」

「あら、多々良さんは猫を食べるの」

「食いました。猫は旨《うも》う御座《ござ》ります」

「随分豪傑《ずいぶんごうけつ》ね」

下等《かとう》な書生のうちには猫を食う様《よう》な野蛮人《やばんじん》がある由《よし》はかねて伝聞《でんぶん》したが、吾輩が平《へい》生眷顧《ぜいけんこ》を辱《かたじけの》うする多々良君その人もまたこの同類ならんとは今が今まで夢にも知らなかった。（以下略）

○猫（吾輩）を、多々良君はどうやって食べると言っているのでしょう。（　　　）内を埋めなさい。

（答えは214ページ）

○解答

私が貰って行って煮て食おうかしらん

簡単で、すさまじい表現。この直前に、頭の禿《は》げについて（奥さんは、日本髪のせいで頭頂部が禿げてきているのを気にしている）多々良君が述べるセリフ、

「禿《はげ》はみんなバクテリヤですばい」

も、決めつけ方が朴訥《ぼくとつ》かつ身も蓋《ふた》もなくて、実におかしい。漱石はこういう会話がとても上手い。この後、苦沙弥先生は猫をくれと言う多々良君に、やってもいいが何にするのかと訊き、

「煮て喰べます」

と単刀直入に切り返されて、うふ、と胃弱性の笑いを洩《も》らしている。

なお、〝「平生」眷顧を辱うする〟は、〝「常日頃《つねひごろ》」可愛がってくれるのをありがたく

思う〟という意味。

第九章　死語の世界

どんな店かと思ったら
ファミレスですかあ。
まあ勘弁《かんべん》してちょうだい。
その代わりなじみの店で一杯おごるから。
あ、渋谷さんたちと飲んだ高級バーですか？
高級バー？ ただの※「小さなスナック」だよ。そんな歌があったろ。
スナック？ なにそれ。
※一九六八年、パープル・シャドウズのヒット曲。

で、その店で。
うーん。
「小さなスナック」はさすがに古いわね。
まあね。
昭和の人間ですから。
それより部長。
渋谷さんに話した校閲哲学。
それ聞きたいですね。

そんな哲学なんて大層なもの
オレにはないって。
あら、極意を伝えるって大切なことよ。いつも言ってる「最後のお務め」ってこのことじゃないの？
じゃ
一杯どうぞ。
エラい！ママさん。

結局、長談義。
校閲ってのはさ、つまり…
服の裏地を作る職人みたいなもんだ。
外からはよく見えない。
しっかりできていて当たり前。
でもその出来具合で本物かどうか分かる人には分かる。
そう思ってひたすらやってきたんだよ。
オレはいい裏地が作れたのかね。どうかねえ…。
部長…。

第九章　死語の世界

「スナック」という言葉自体はまだ死語にはなっていないようです。それを記した看板がまだありますから。とはいうものの、若い人の生活からはもう消え去りつつある領域ではないでしょうか。「小さなスナック」は歌謡曲（グループサウンズ＝これも死語）のタイトルで、古い曲ですから、これも若い世代は知らないでしょうね。この章では死語（台詞の類も含めて）と、死語かどうか微妙な表現に触れてみたいと思います。「死語」というのは世代によって大きく違うので難しいのですが、ここは思い切って自分の感覚で選びました。十代～三十代の人には「古語」かもしれませんけれども。

＊短足

今も使うのでしょうか？　一時、足（脚）の短い人をこういってからかうのが流行っていた時代がありました。しかしいつの間にか日本人の体格が向上し、スタイルの良い人が増えるに従って、そういうことをしなくなったように思います。肉体的特徴をあれこれあげつらうのは、近年、社会全般として許されないことになりつつあります。

昔、この言葉に違和感を持っていました。「短足」というのは靴を履く部分（英語のfootに当たる部分）の長さを言うのではないか、いわゆる「足が小さい」という意味ではないか、腿《もも》から膝、脛《すね》を含めた部分（英語のleg）が短いのは「短脚《たんきゃく》」と呼ぶべきではないか、と大いに疑問に思ったものです。しかしこの語が下火になるとともに、この質問も無意味になりつつあります。本当はこういう本で正解を教えてほしかったのですが。

＊悩殺《のうさつ》

これは親父ジャーナリズムにかろうじて生き残っている言葉。でも「女性がその性的魅力で男性の心をとらえて、すっかり夢中にさせること」（『新明解国語辞典』第八版）というこの言葉のニュアンスはあまりにも古びてしまって、本気で表現をしようと思って使う語彙とは思えません。あえて古いパターンに乗っかった、型どおりのお色気記事を書くときに重宝するのでしょう。化石化しかかった言葉と言えます。

＊苦《にが》み走《ばし》ったいい男

これも聞かなくなりました。甘いルックス（これも死語か？）ではなく、もっと大人の、というか、人生の酸《す》いも甘いも嚙《か》み分けた、きりりとして人間味のある容貌、といった感じでしょうか。

もう一つ、「水も滴《したた》るいい男」というのもあって、こちらは見るからに美男、というタイプの形容でした。今なら「イケメン」というところでしょう。

＊スカ

音楽のジャンル名ではありません。関西弁の「すかたん（当て外れ）」から来ているのだと思われますが（「すかまた」という言葉もあるらしい）、昔駄菓子屋《だがしや》などで売っていたクジ（舐《な》めると唾液で文字が浮き上がる）で、「はずれ」を意味する言葉として使われていました。日本映画「ALWAYS　三丁目の夕日」で、駄菓子屋がクジにこの「スカ」を書き込んでいるシーンがありました。子ども心にこの「スカ」という言葉の響きに、失望と怒りと後悔の入り混じった感慨を覚えたものです。

「はずれ」じゃないんですよね。「スカ」。全身の力が抜ける感じが、今でもします。

＊赤チン

以前、傷口の消毒によく使われた、マーキュロクロムの水溶液。赤い色をしているので、「赤いヨードチンキ」の略称として用いられていましたが、マーキュロクロムとヨードチンキは化学的組成が異なる物なので、誤った俗称ということになります。

赤チンは塗った所が赤くなるので、いかにも「怪我をしました」という看板を掲げているような感じになり、恥ずかしがる人もいたでしょうが、私などは「ちゃんと傷に薬を塗ってあるという安心感」を覚えていて、逆に赤チンが世の中から消えて行き、透明の消毒液に取って代わられた初期には、少し不安というか、頼りなさを感じたく

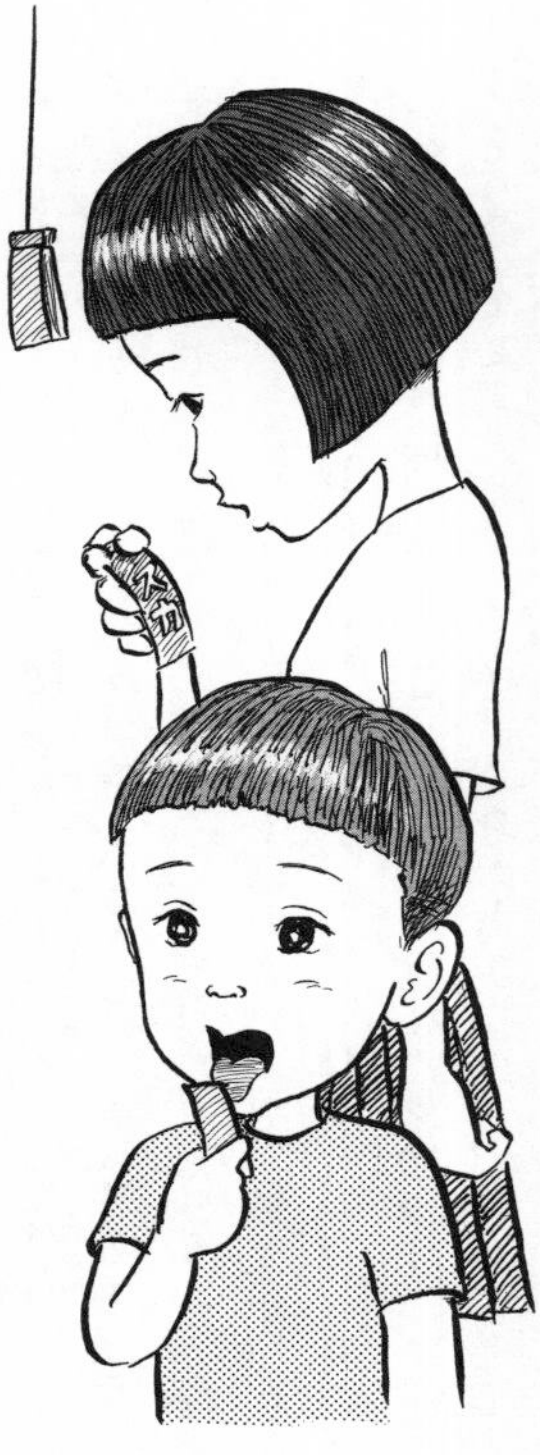

いつもスカ

らいです。おまじないのような効果もあったのでしょう。もはや製造中止だとか。

＊ちゃらんぽらん

いいかげんなこと。今で言う「テキトー」に近い。しかし、「テキトー」が、曲がりなりにも相手に対する配慮があるかのように見せかけるのに対して（これだって相当悪質だが）、「ちゃらんぽらん」というのは、もう本人の性質上避けがたくずぼらになってしまい、まったく脱力してしまっているニュアンスが付きまとう分、もっと救いようがない感じがします。

「そういうちゃらんぽらんな働き方だから、いつまで経ってもお前は駄目なんだ！」

こんな叱《しか》り方を、昔の年配者はしたものです。

言葉は死語になっても、実態はまだ生き残っているのでしょう。

＊ベリーロール

体育の授業ではまだ使っているのでしょうが、一般には死語となったスポーツ用語。陸上競技・走り高跳びのフォームの一種で、バーを抱えるように跳ぶもの（イラスト参照）。実は大変難しい跳び方です。

今は背面跳びが全盛で、ベリーロールで跳ぶ選手はまずいません。しかし背面跳びは危険性が高いため、学校の生徒たちにはベリーロールや**正面跳び**（はさみ跳び）を指導するケースが多いそうです。

正面跳びも、本格的なものはバーの上で体を横に倒し、脚を鋏《はさみ》のように交差させて跳ぶダイナミックな美しいもので、「またぎ跳び」と言うべき小学生の跳び方とは別物です。これも実質的には死語、といってよいでしょう。

この他にもロールオーバーとかラルソン・スタイルなどというフォームもあったのですが、陸上競技の解説ではないので、ここでは割愛いたします。もちろん死語です。

今は陸上競技場のトラックが全天候型のものなのは当たり前ですが、以前は赤い土の**「アンツーカー」**というものが使われていました。今は懐かしい言葉です。スポーツは日進月歩ですから、この類の死語も累々《るいるい》、というわけです。

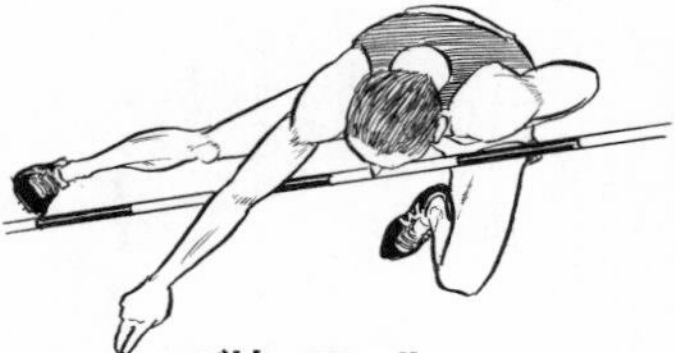

ベリーロール

正面跳び

＊野球関連の死語

スポーツ関連の死語が出てきたところで、やはり野球の死語についても述べなければいけないでしょう。たくさんありますが、いくつか挙げてみましょう。

ホットコーナー（三塁の守備範囲のこと。強烈な打球がしばしば来るのでこう呼ばれた。または三塁手の動きが激しいため、という説も）

テキサスヒット（今で言う「ポテンヒット」。フラフラと打ち上げた打球が、野手の間に落ちてヒットになったもの）

ピンチランナー（今は「代走」と言うことが多くなりました）

七色の変化球（**魔球**）（「多彩な変化球」を、こういう文学的？表現で呼んでいました）

パンチカがある（「長打力がある」という意味。音楽でも力強い歌い方を「パンチの利いた歌唱力」などと言っていました。昭和の香りのする表現）

アベックホームラン（同一チームの強打者二人が、同じ試合で揃ってホームランを打つこと。「ＯＮ（王・長嶋）アベックホームラン」などと言いました）

三振前の馬鹿当たり（大きなファウルを打った相手チームの選手に浴びせる野次《やじ》）

懸河《けんが》のドロップ（「懸河」は奔《ほん》流《りゅう》する河。「ドロップ」は縦に落ちるカーブ。転じて、一旦浮き上がってから凄まじい曲がり方をして縦に落ちてくるカーブ。元祖は沢村栄治〔巨人〕、記憶にあるところでは金田正一〔国鉄→巨人〕、堀内恒夫〔巨人〕、最近では岸孝之〔西武→楽天〕などが投げるカーブがそれに近いと思われます。いろいろ説はあるでしょうが）

〈懸河のドロップ〉

＊「見世物じゃねえぞ！」
往来にできた人だかり。その真中でちょっと怖いオニイサンが凄んでみせる。

「おいおい、見世物じゃねえぞ！」

こういうシーンが、テレビや映画ではよく現れたように記憶しています。大体アクションや勧善懲悪《かんぜんちょうあく》的なドラマの悪役は人物造形が単純ですから、お決まりの台詞を吐くことが多い。かえってそこに、その時代の典型的な悪者像と、その考え方・行動が窺《うかが》えるのだと思います。

時代劇の悪党がやっつけられた後に言う、**「覚えてやがれ！」**も決まり文句でしょう。**「吠え面《づら》かくな！」**というのもあります。

また、刑事物などで金欲しさに罪を犯した理由を、

「貧乏な生活はつくづく嫌だ。**面白おかしく暮らしたかったんだよ！**」

などというシーンは昔よく目にしました。貧困が背景にあったのでしょう。面白おかしい暮らし、というのもリアリティのない夢のような感じがします。しかし少し時代が下ると、**「遊ぶ金欲しさ」**（台詞ではありませんが）に犯行に及ぶようになる。この場合は具体的な目の前の享楽で、もっと現実感があります。

現代のドラマはもう少し人物描写が複雑になっているものが多いので、いかにもステレオタイプな台詞は少なくなりましたが、「それではカネにならない（食っていけない）んだよ」とか、「何が悪いのよ！」という意味合いの台詞を口にするのを時々耳にします。それを一見誠実そうな人物が口にしたりするのが、現代の悪人像の一つの

典型なのかもしれません。**「越後屋、そちもワルよのう」**とか、**「上様《うえさま》の名を騙《かた》る不《ふ》届《とど》き者！」**といった、典型的な決まり文句はさすがにないようです。

＊心の痛み

これはいっとき流行りました。「人の心の痛みが分かる（分からない）」というフレーズでよく用いられましたが、あまりに頻繁に使われるので本来の深刻な意味合いがどうしても薄れてしまい、徐々に使わなくなりました。言葉をすり減らしてしまった、という感じがします。

それを聞かなくなったなと思ったら、いつの間にか**「トラウマ」**という言葉がその代わりに使われるようになりました。医学的に問題があるケース以外で、あまり気軽に使う言葉ではないような気がしますが、もはや一般化しています。しかし本当にケアが必要な場合に使うべき言葉だと思うので、こういった表現を流行語のように消費してしまうのは問題ではないでしょうか。

＊マッチ一本火事の元

形式的にはまだ生き残っているかもしれませんが、火の用心の夜回りの本来の役割から言って、もはやほとんど使われていない「マッチ」を持ち出すのは今や不合理でしょう。「マッチ」を「タバコ」に言い換えよ、という考えもあるようですが、ここでは言葉の問題がメインなので、それは措《お》くことにします。

「マッチ」といえば、**「マッチポンプ」**という表現もあります。これも分かりにくくなっているのではないでしょうか。「自分からマッチで火を放っておいて、ポンプで消火する」という意味から、「自分で揉め事を起こした上で、その解決に乗り出し、報酬を受ける」といった卑劣な行為を表わす言葉です。まだ使われてはいますが、何か新しい表現が出てきてもいい頃合ではないでしょうか。

言葉の指し示すものが分かりにくくなったからといって、言葉や表現を廃するものではない、というのは一面真理ではありますが（例えば唱歌の中の古い言葉が分からないからと言って、歌詞を変えろとか教えるのはやめろ、といったような）、芸術作品や物語など以外の日常的表現においては、しかるべき新陳代謝があるのはやむを得ないのではないでしょうか。

しかし一方で**「マッチ売りの少女」**は、そのままで一向にかまわない、ということになるでしょう。

＊ブティック――「死語」って何だ？

「ブティック」（女性用服飾品・装飾品の酒落《しゃれ》た小売店）はもはや死語、なのだそうです（「セレクトショップ」とか「メゾン」などと言うらしい）。私などはまだまだ現役の言葉だと思っていましたが。「パンツ」の項目でも申し上げましたが、アパレル関係の用語の寿命はひどく短いらしく、「死語」の観念も「その言葉は通じるかどうか」ではなく、「流行のシーンに似合うかどうか」という基準が用いられているのではないか、と思わせられます。

もっともこの語が死語だという説に違和感を感じる人も多いらしく、全面的に死語と断定はできません。ここではむしろ、いったいどのような言葉を指して「死語」と言うのか、を考えたいと思います。

完全な「死語」とはどういうものを指すのでしょうか。かつて社会で広く用いられていたが、今や誰も用いることはなく、聞いたり読んだりしてもすぐに意味を了解できない言葉。それなら「死語」と呼ばれる資格はあるでしょう。それでは、自ら使うことはないが、聞いたり読んだりすれば意味は分かる、そういうものは「死語」でしょうか。微妙ですね。

私たちが日常的に「死語」と呼んでいるものは、そういうものも含んでいるのではないでしょうか。いやむしろ、かつて使っていた記憶を呼び覚まし、「ああ、そういえばこの頃聞かないね。懐かしいな」と、懐旧の情に浸ることのできるような言葉こそ、一般に「死語」と呼び習わしているのではないでしょうか。

これこそ、人によって「死語」の範囲が大きく違ってくる理由なのでしょう。年齢《おお》による違い、興味を抱く対象の違いによって、使っていた記憶の有無、懐かしさ・可笑《か》しさが変わってくるわけです。ここに挙げたのは、昭和生まれ・昭和育ちの筆者による選択ですから、若い人にはピンと来ない表現もあるでしょう。また、同世代でも、興味のない人には懐かしいと思えない言葉（例えば「アンツーカー」は、陸上競技などのスポーツに関心の全くない人には、たとえ同世代でも「死語」とはなり得ない）は存在するでしょう。逆に、ファッション用語が、それに疎い層（私も含めて）には、大流行したもの以外には「死語」と感じられないように。

言葉に関連する用語も、考えてみるとなかなか面白いものです。

◎4コマ成語・ことわざクイズ3

上のような心境を表わす成語は何でしょう。（　）内に入る言葉を後ろの四つから選びましょう。

（答えは236ページ）

（　）を開く

①胸襟　②血路

③活眼　④愁眉

堆い。

○解答

④愁眉《しゅうび》を開く

「愁眉」とは、心配して寄せた眉のこと。それを「開く」というのだから、いかにも「状態が好転して安心した」感じが出ていますね。

①の「胸襟《きょうきん》を開く」は「心の中を打ち明ける」の意で、「胸襟を開いて話す」などのように使います。

②「血路《けつろ》を開く」は、「敵の包囲を破って逃げる」から転じて「困難を切り抜ける」という意味になります。状況的にはこれも正解かもしれませんが、「心境」を表わしているわけではないので、この設問の答えとはなりません。

③「活眼《かつがん》を開く」は、物の本質を見抜く能力を発揮する、という意味です。

もっとも、マンガの中の安心の仕方は、ちょっと感心しませんね。あやふやな資料によりかかって自分の仕事を正当化するのでなく、間違いは正直に認めて出直したほうがいいと思います。こういうことが積み重なって、その人の仕事の質を決定してゆくのですから（なお、「うず高い」の表記は最近〔二〇二二年現在〕徐々に各辞書にも採用されてきました。本書の単行本刊行〔二〇一四年〕以降のわずかな期間にも日本語は変化しています。でも仕事に対して取るべき姿勢は不変でしょう）。

◎死語？クイズ

○次の現代語の意味に近い死語（？）を記しなさい。

（答えは240ページ）

①ティッシュペーパー（仮名で四文字、漢字で二文字。「はながみ（鼻紙）」とも言う）
②味噌汁（仮名で五文字）
③ベビーカー（仮名で五文字、漢字で三文字）
④美人（仮名で四文字、漢字で二文字。「器量良し」とも言う）
⑤デート（カタカナで五文字）
⑥女たらし（仮名で三文字、漢字で二文字）
⑦ＯＬ（アルファベットで二文字）
⑧ハンガー（仮名で五文字）
⑨「失礼。」（軽く謝るときに使う書生言葉。仮名で四文字、漢字で二文字）
⑩トイレ（女性の用いる用語。仮名で五文字、漢字で三文字）
⑪ベスト（服装の名。カタカナで四文字）

⑫アルバム（音楽の。アルファベットで二文字）
⑬エプロン（仮名で四文字）
⑭ヤンキー〔またはチーマー〕の集団（仮名で五文字、漢字で三文字）
⑮色男、イケメン（カタカナで四文字）

○解答

①ちりがみ（塵紙）
②おみおつけ（「御御御付け」とも記す）
③うばぐるま（乳母車）
④べっぴん（別嬪）
⑤ランデブー（「逢引き」というのもありますが）
⑥しきま（色魔）〔ちょっと古い表現〕
⑦BG（ビジネスガールの略）
⑧えもんかけ（衣紋掛け）
⑨「失敬《しっけい》。」
⑩ごふじょう（御不浄）
⑪チョッキ
⑫LP（もはやスマホのダウンロードが隆盛で、「アルバム」も死語化進行中？）
⑬まえかけ（前掛け）
⑭ぐれんたい（愚連隊。こういう集団も最近は少ない気がします）
⑮ハンサム

〔異論はあるでしょうが、それを議論するのもまた楽し、です。〕

第十章　出版と日本語と校閲と

他の部に行った連中も似たようなもんだって。
グチらない。グチらない。
へー　なんか社会人。
成長したんだ。コウタ君。
そんなふうに言わないでよ。
オレ　先に行っちゃうよ。
私も帰る！

部長も
いつの間にか
帰っちゃった
みたいだな。
飲みに
行ったのよ。
冷え込むし。
夜間受付
お先に
失礼
します。
カチャ
え!!

雪だ。
三田部長の置き傘使うかい？
え!? 本当ですか。すみません。

大丈夫なんですか?
使っちゃって?
もともと会社のものだし
たまにしか使わないし。部長はもう帰られましたよ。
しかし一本だから駅まで相合傘《あいあいがさ》か。
相合傘ねえ。
うーん…。

…まあ
しょうがないですか。
だね。
しょうがないね。

入社して もう8カ月 よね。
うん。長かったような。短かったような。
オレさあ ちょっと 迷ったけど
この仕事 頑張ってみようかなって 思ってるんだ。
報われない仕事って 言ってたけど 宗旨《しゅうし》変《が》え？
最初は そんなふうにも 思ったけど…

日本一の裏地職人ってのもいいかなと思えてきた。
影響受けやすい人だなあ。
君は影響受けないの？
私なんて最初からそう思ってるもん。やる価値ある仕事よ。
うわ、やな奴。傘差すのやめよう！
ちょっと!!

闘魂
性格悪いし!!
お互いさま!
あれ、私の傘?
近所から戻った。
いけね!まだいた。

どうやらコウタ君とエツコさん、校閲者としてやっていく気持ちが固まったみたいですね。あとはもう、彼らの精進に期待するしかないでしょう。こんなふうに後継者が自らの足で歩く決意を持ってくれることこそ、真の伝統継承なのかもしれません。でも彼らの生きてゆくこれからの出版界はどんな世界になるのでしょうね。期待とともに心配もするわけですが、最後にそのへんを考えてみたいと思います。

●デジタル出版はどうなる？　日本語のチェックは？

デジタル出版については、現時点（二〇二二年）では従来からの電子書籍という形態が最も一般的だと思われます。しかし今のところコミックス部門がリードする形で状況が展開していて、文章メインの出版物が紙の書籍以上に売れているという話は聞きません。出版業界はこれぞというデジタル活用法を探しあぐねてもがいている、と言えるかもしれません。

その中で、スマホ上で縦スクロール（縦方向に流して読む）形式で描かれた、新しい形のコミックスが出現しています。これなどは従来の本の形では不可能だった、ページや見開きの境目という制限のない表現方法であり、今後どういう発展をするのか注目すべきでしょう。紙の本のコンテンツをデジタルに移し替える、という従来の発想では生まれなかったものだと思います。これを従来の「本」という形式にどう落とし込んでゆくか試行錯誤する必要もあるでしょう。不自由なところにこそ「工夫」は生まれます。その成果をコミックス以外のものにも応用することで、新しいジャンルも生まれるかもしれません。

さて、そんな目まぐるしい変化を続けている出版業界ですが、その出版業が縮小を続けて消滅してしまうことはあるのか。表現したいという欲求が生み出したものを、客観的な目を通して評価し形を整えて公の場で披露する、という営みがそう簡単に消えてしまうとは私には思えません。形態やスケールの変化は予測できませんが。

デジタル出版の行く末がどうなるかは予測が難しいとしても、旧来の器（紙媒体）と新しい器（デジタル媒体）に盛られるその中身の中心的（独占的ではないにしても）材料が言語であり、それは日本国内では圧倒的に日本語であり続けるだろう、ということは間違いないでしょう。

その日本語をチェックしサポートする役割を校閲という職種が担い続けられるかどうか、予断を許しませんが、そういう機能が求められ続けるであろうことは確実でしょう。それが編集者の仕事（本来そうだったはず）に全て戻るのか、それともその一部は、「校閲」という名称かどうかはさて措いて、何らかの専門職にやはり委ねられるようになるのか、いまだにはっきりとは分かりません。

●日本語の将来

小学校から英語教育が始まったり、社内公用語を英語にする企業が出てきたりしていますが、こうなると日本語の将来はどうなってしまうのだ、と不安になる人も多いのではないでしょうか。

母語というものは強力なものです。そう易々《やすやす》と他の言語が取って代わることはできません。日本語のような、話者が一億人以上もいる言語が、ビジネスその他で英語が有利だからといってそれに征服される、ということは考えにくい。

とはいうものの、デジタル機器の発達で、現に日本人の漢字書き取り能力が目に見えて下がっているという現実があります。そこへ日常生活に英語が侵入してくるとなると、少なくともある程度は英語の影響を受けるかもしれません。日本語の骨格を揺るがすような影響は受けなくても、語彙レベルでは日本語の単語より英単語が先に出てくるようになるかもしれません（ちょうど、タレントのルー大柴さんの「ルー語」のように）。大丈夫でしょうか？

日本語の発音については、ここ数十年の間に多少は変化した部分があると思います。「ティ（ー）」、「ディ（ー）」という発音は、少し前までは日本人にとって苦手な発音でした。しかし今は苦もなく発音できる人がほとんどでしょう。これなどは英語の影響かもしれません。ただし外来語・外国語を発音する場合にしか使わないので、音韻体系に大変化が起きた、というわけでもなさそうです。rとlの発音の区別は相変わらずできませんし、bとvの区別も「バ」と「ヴァ」を書き分けていながら発音はいずれも[ba]となることが多く、母音の区別も「ア、イ、ウ、エ、オ」という五母音の区別しかできません。鼻濁音《びだくおん》（「大学」（だいがく）の「が」の子音。[ŋ]で表わされる）は、きれいに発音する人が少なくなりましたが、これは英語の影響とはあまり関係ないと思われます。全体に発音は、英語の影響がさほど強いとは考えられません。アクセントの変化も日本語内部の問題でしょう。

文法の骨格にも、大きい変化はないと言ってよいのではないでしょうか。変化があったとしても日本語内部の自律的な変化（例えば、ラ抜き言葉と呼ばれる新しい活用など）が主で、外国語の直接的な影響とは言えないでしょう。「〜チック」「〜ラー」（「乙女チック」「マヨラー」のような）といった、英語起源の接辞を使う派生法などもありますが、全体から見れば周辺的・例外的現象でしょう。

つまり、日本語の大きな土台はしっかりとしているが、そこに乗っかってくる、比較的意味の具体性を帯びた単語が、外来語に侵食されるという可能性はあります。先ほど挙げた「ルー語」に近いものを想像すればよいでしょうが、あれほど極端な状態にはなり得ないでしょう（一例：「犬も歩けば棒に当たる」→「ドッグもウォークすればポールにヒットする」）。我々の意識に上る抵抗感が大きいように思います。

しかし問題になるのは、「日本語内部の」問題と呼んだ、日本語の自律的変化です。**「ラ抜き言葉」**（「見れる」など）、**「サ入れ（サ付き）言葉」**（「閉め切らさせていただきます」など）もそうですし、**「平板アクセント化」**や、**「文末に上り調子の抑揚をつける傾向」**（断定的な調子を避けるためかと思われる）、また社会的要因によるかと思われる**「敬語の衰退・簡略化」**などもその内に入るでしょう。

ある特定の語法や表現の盛衰とは違って、言語構造の根本に関わるこれらの変化は抵抗するのが大変難しい。言語の根本的な変化というものは、特定の表現に対する違和感のような分かりやすい形でなく、譬《たと》えて言うならば、家の床が全て張り替えられていたことにある日突然気づくといったような、さりげなくしかも大胆な形をとるものではないかと思います。「けしからん！」と怒っても、押し止めるのは至難の業でしょう。

●校閲者たちは

将来の校閲者は、こういったさまざまな言葉の変化に意識的に対応して適切な（これが難しい）判断をしなくてはならないでしょう。いつの時代もそうでしたが、言葉は変化していきます。変化を「許せない」、あるいは「当然だ」と受け取る、ある意味楽なスタンスに校閲者は立ってはならないのだ、と思います。いろいろな読者がいる。どういう読者に届けるどういう作品を作っているのか、それを考えつつ仕事をしなくてはならないでしょう。判定者になるのではなく、「素人であることのプロ」（迷い、調べ、考える人間）であり続けること。どんな時代になろうが、日本語を前にして、そういう作業をする人間は求められるだろう、と私は予測しているのです。

◎4コマ成語・ことわざクイズ❹

上のような状態を表わすことわざ。

**「一杯は○□を飲む、
二杯は□□を飲む、
三杯は□○を飲む」**

○と□にはそれぞれ同じ漢字が入ります。どんな漢字でしょうか。

（答えは258ページ）

○解答

○＝人　□＝酒

「一杯は人酒を飲む、二杯は酒酒を飲む、三杯は酒人を飲む」

最初は酒を飲んでやっているつもりが、いつの間にか勢いだけで杯を重ね、しまいには泥酔して酒に飲まれてしまう。

なんという真実を述べている言葉でしょうか。

それが分かっていて、なお酒に飲まれてしまうのが人間というものなのでしょう。

文庫版あとがき

日本語に関する本や記事が、巷に溢れています。いささか意地悪な言い方をすると、まあよく飽きもせずあっちこっち掘り返しては話題を見つけてくるものだと、日本語に携わる同業者のはしくれとして少なからず感心しています。

というのも、この『その日本語、ヨロシイですか?』を執筆したときの経験があるからなんです。日本語の面白いトピックを集めるのに四苦八苦したものですから。

実はこの本、最初は「校閲なら仕事上で面白い間違い例などに出会っているだろうから、それを集めて売れる日本語本を作ろう」という編集部の発想から、当時校閲部長であった私に取りまとめを依頼されたものでした。少なくとも私はそう受け取っていました。

大丈夫かなあ。そういった本なら他の出版社でも出してるんじゃないだろうか。校閲の視点、というのが新機軸かもしれないけれど、結果的にはよくある国語蘊蓄《うんちく》本に落ち着きそうな気がするぞ。「この用法はよくある間違いです、正解はこれこれで、その理由は以下の通り」。そういう雑学風な知識をいくら積み重ねても、言葉の核心に近づくことは難しいでしょう。しかもその手の本は書店にたくさんあるのだし。

不遜ながらそんなことも考えました。しかし理屈をこねていても物事は進みません。とにかく引き受けてみよう。やってみなければ何事も始まらない。進めていくうちにいいアイデアも出てくるかもしれない。

そんなわけで「やってみましょう」と引き受け、さっそく校閲部員諸氏に取材開始。といっても昼食時に食堂で同席し、雑談として話題を振って、そこから題材をピックアップするという手間のかかる作業です。

面白い話もいくつかありました。この調子ならうまくいくだろうと思ったのも束の間、思い出せる話はすぐに底を突きます。考えてみると校閲者というものは、読んだ本の内容や詳細なプロセスなどは仕事の終了とともに大方はすみやかに忘れてしまうものなのです。それは次々と仕事をこなしていくためには精神衛生上仕方のないことで、強烈な印象のあった出来事以外は思い出そうとしてもすぐには思い出せなくなっている、というのが普通でしょう。会話の成り行きでふと記憶の底から浮かんでくることはありますが。日頃から語彙収集を行なっている辞典編集者などとはだいぶ性質の違う人間なのです。

そんなわけで、話題を思いついたときにメモを入れてもらう箱を作り、校閲部の中央テーブルに数カ月間設置したりもしましたが、はかばかしく集まりません。焦りました。軽々しく引き受けるんじゃなかったと後悔もしました。しかし「話題が集まらないのでやっぱりやめます」というのもちょっと無責任です。そこからが一苦労でした。

自分でも、日常生活の中からトピックになりそうな日本語表現を収集するという作業を始めました。注意して観察しているといろいろ見つかるものです。特にテレビで発せられる日本語には興味深いものが多かったように思います。

とはいうもののそれだけで一冊まとめるにはやはり数が足りません。そこで発想の転換が必要でした。「校閲的観点から日本語を解説する」という視点から「校閲者は日本語とどう向き合っているか」「そもそも日本語を扱う校閲とはどんな職業なのか」を語るというふうにコンセプトを変えたわけです。これなら実感を伴った叙述ができる、と直感しました。

しかし当時、校閲という職業はまだ広く知られていませんでしたから（『校閲ガール』のドラマ化はまだ後の話）、校閲を前面に立てるのは訴求力の点で問題があります。そこで日本語のさまざまな実例を交えながら、クイズその他も添えてまとめようと考えました。校閲の職業観を共有してもらうにはドラマ風にマンガを挟み込んだ構成にすれば取っ付きやすくなるだろうとも考えました。手前味噌ですが、趣味でマンガを描いていてアマチュアのマンガ賞やイラストでの受賞経験もあったので、それなら一人で全部できるかなと思ったわけです（読んでもらえるレベルにする努力は必要ですが）。

こんな経緯でこの本は出来上がりました。日本語好き、日本語に詳しい人からは批判もあるでしょうが、少なくとも「どこにもある、ありふれた日本語本」にはならなかったのではないかと思っています。

この本が、草思社からの思いもかけない提案で文庫化されることになり、筆者としては大変ありがたいとともに恐縮もしています。イラストやマンガが多数埋め込まれているので編集作業もさぞかし苦労が多かったと思われます。草思社編集部の貞島一秀さんやデザインのあざみ野図案室さんに感謝いたします。

また、執筆当時の編集担当者である松倉裕子さん、いろいろとご協力いただいた新潮社校閲部の皆さんにもこの場を借りてお礼を申し上げたいと思います。

二〇二二年九月

井上孝夫

＊本書は、二〇一四年刊『その日本語、ヨロシイですか？』（新潮社）を
改題・加筆修正の上、文庫化したものです。

草思社文庫

その日本語、ヨロシイですか？
楽しい校閲教室

2022年10月10日　第1刷発行

著　　者　井上孝夫
発 行 者　藤田　博
発 行 所　株式会社 草思社
〒160-0022　東京都新宿区新宿1-10-1
電話　03(4580)7680(編集)
　　　03(4580)7676(営業)
　　　http://www.soshisha.com/

本文組版　鈴木知哉
印 刷 所　中央精版印刷 株式会社
製 本 所　中央精版印刷 株式会社
本体表紙デザイン　間村俊一

ISBN978-4-7942-2607-5　Printed in Japan